中小学教育教学管理与实践研究

徐国敏 著

哈尔滨出版社
HARBIN PUBLISHING HOUSE

图书在版编目（CIP）数据

中小学教育教学管理与实践研究 / 徐国敏著. -- 哈尔滨：哈尔滨出版社，2023.2
 ISBN 978-7-5484-7090-8

Ⅰ.①中… Ⅱ.①徐… Ⅲ.①中小学教育—教育管理—研究 Ⅳ.①G637

中国国家版本馆CIP数据核字（2023）第035574号

书　　名：中小学教育教学管理与实践研究
ZHONGXIAOXUE JIAOYU JIAOXUE GUANLI YU SHIJIAN YANJIU

作　　者：徐国敏　著
责任编辑：杨浞新
装帧设计：皓　月

出版发行：哈尔滨出版社（Harbin Publishing House）
社　　址：哈尔滨市香坊区泰山路82-9号　　邮编：150090
经　　销：全国新华书店
印　　刷：廊坊市海涛印刷有限公司
网　　址：www.hrbcbs.com　　www.mifengniao.com
E－mail：hrbcbs@yeah.net
编辑版权热线：（0451）87900271　87900272

开　　本：710 mm×1000 mm　1/16　　印张：14.5　　字数：240千字
版　　次：2023年2月第1版
印　　次：2023年2月第1次印刷
书　　号：ISBN 978-7-5484-7090-8
定　　价：58.00元

凡购本社图书发现印装错误，请与本社印制部联系调换
服务热线：（0451）87900279

前言

学校是教书育人的地方,教师的工作效率和学生的学习效率与学校的管理密切相关。学校管理与其他管理有很多相似之处,但也有很大差异。学校无论是教育者,还是受教育者都是人,而受教育者则是处于身心变化着的活生生的人。无论教育的过程,还是学习的过程,都是高强度的脑力劳动,这种劳动的效率,成果,很大程度上取决于教育者和受教育者的主观能动性——是否愿意教和愿意学的问题。如何发挥双方的主观能动性,是学校管理需要研究的问题

学校管理就是要统一思想,充分发挥教职工和学生的主观能动性和积极主动性,充分挖掘他们的潜能,最大限度地提高教师的工作效率和学生的学习效率,把学生培养成为德智体美劳全面发展的劳动者,这就是学校管理的目的所在,也是学校精细化管理所要研究的内容。

本书广泛吸收全国各地教育教学最新理论创新成果,深入结合大量优秀实践经验,既有通俗易懂的教育教学理论和技巧,又有来自教学一线大量形象生动的实例,完全避开了以往类似教材的枯燥乏味费解的缺点,让读者耳目一新,很快可以将所学知识转化到教育教学当中,力图学有所获。

本书既重视吸收以往的国内外理论成果,也重视对最新的教育教学经验的总结,更重视将成功的经验、模式提升到理论的层次,并增强其落实到新的教育教学实践中去的可行性,从而为各级各类学校实现课程改革、加强学校管理等提供了操作上的指导。

本书是在不断调整和适应中小学课程改革上进行的一次尝试,虽力图做好,但由于作者水平有限,难免有不足之处,殷切希望能得到广大同仁和读者的批评指正,使本书的质量得到不断提高。

目录

第一章　教育与教学管理 ····· 001
第一节　教育的本质 ····· 001
第二节　教学管理 ····· 009

第二章　中小学生心理健康教育的组织管理与途径方法 ····· 034
第一节　中小学生心理健康教育的组织管理 ····· 034
第二节　中小学生心理健康教育的途径和方法 ····· 063

第三章　中小学班主任工作的教育观与方法观 ····· 084
第一节　班主任的职责 ····· 084
第二节　班主任的现代教育新理念 ····· 090
第三节　班主任教育影响手段的有效性 ····· 102

第四章　中小学班级教育管理 ····· 122
第一节　班级教育与管理 ····· 122
第二节　班级教育思路管理 ····· 139

第五章　中小学教师教学工作的精细化管理 ····· 153
第一节　课程与教学常规精细化管理 ····· 153
第二节　听课评课与教学改革精细化管理 ····· 173
第三节　试卷与学生成绩的精细化分析方法 ····· 182
第四节　教育科研的精细化管理 ····· 188

第六章　中小学的课堂教学组织与管理 ····· 198
第一节　课堂教学组织的原则 ····· 198
第二节　课堂教学管理的原则 ····· 205
第三节　信息技术在课堂中的应用 ····· 211

参考文献 ····· 223

第一章　教育与教学管理

第一节　教育的本质

教育在人类生活中的重要性越来越为人们所认识。随着当今世界国际竞争日趋激烈以及科学技术迅速发展，综合国力和经济实力的竞争实际上成为科学技术的竞争。从这个意义上来说，谁掌握了21世纪的教育，谁就能在21世纪的国际竞争中处于战略主导地位。

一、教育的概念

一般来说，人们从两个角度给"教育"下定义，一是社会的角度，一是个体的角度。

从社会的角度来定义"教育"，广义的教育，泛指影响人们知识、技能、身心健康、思想品德的形成和发展的各种活动。它包括人们在家庭中、学校里、亲友间、社会上所受到的各种有目的的影响。

狭义的教育，主要指学校教育，即根据一定的社会要求和受教育者的发展需要，有目的、有计划、有组织地对受教育者施加影响，以培养一定社会（或阶级）所需要的人的活动。

特狭义的教育，指有计划地形成学生一定的思想政治观点和道德品质的活动，与德育同义。在此类定义中，教育是社会进化的一个基本因素，强调社会政治、经济和文化等因素对个体发展的影响，强调发挥教育在促进个体履行社会功能方面的作用。

从个体的角度来定义"教育",往往把"教育"等同于个体的学习或发展过程。代表性的观点有特朗里的"教育即成功地学习知识、技能与正确态度的过程"。

这些"教育"定义从不同角度揭示了教育活动的某些属性,展示了教育活动在范围、内容、层次、过程或结果等方面的不同状况,有助于人们更加全面地认识教育活动。但这些定义对教育活动的层次性普遍重视不够,缺乏立体感,从而影响人们对教育活动的深入理解。

根据对"教育"概念的分析,我们尝试将"教育"区分为三个层次,并分别定义为:低限"教育",即使人免受伤害的人际交往活动;现实"教育",即使人掌握谋生本领的人际交往活动;理想"教育",即发展人的自由人格的人际交往活动。

教育从来都是具体的,低限(原初、底线)教育和现实教育是非常具体的教育,教育要有理想,但教育的理想和理想的教育也应该是具体的。使人免受伤害,是人类社会或个体办教育、个体或群体接受教育的原初动力来源。办教育,提高民众(哪怕只是少数人)的文明程度,目的是使这些受教育民众不因无知和无能受到或带给自己、他人、自然及社会的伤害。虽然最初阶段的专门教育可能只是为了使(少数人)自己少受或不受伤害,与此同时,甚至还会对他人及社会造成一定伤害。但人们接受教育的初始动力没有因此发生改变,教育能够满足人的初始需求的功能没有因此发生改变。人们看到今天的教育更加人性化,更加体现人与人、人与自然之间的和谐,已经是使人少受伤害的教育。而人类正在积极倡导的"生命教育""健康心灵教育""全纳教育""关注弱势群体权利的教育",争取教育平等、民主,合理处理教育中的各种关系等也都是为了使人免受伤害,它是人类发展阶段更高的教育,和当下的教育一样,它们都是先人的教育理想。

教育,哪怕是以公共性为根本特征的基础教育,都应该建立起与谋生的实质性联系。教育目的的确立,课程计划的制订,课程目标、内容的选择,教学活动的安排,教育活动的管理与评价等都应该体现谋生要求。

发展人的自由人格是教育目的的理想形态，是人成为"人"的真正标尺。自由人格的人是一个完整的人，是全人教育和自由活动相融合促成个性充分发展的人。

首先，全人教育是基础。近代教育思想史上的"人的全面和谐发展"基本上是以抽象的人性观为理论基础的。马克思主义经典作家，从考察分工入手，揭示人的片面发展的根源，指出社会化大工业生产和资本主义的高速度发展为人的全面发展提供了物质基础，用那种把不同的社会职能当作相互交替的活动方式的全面发展的个人，来代替只是承担一种社会局部职能的局部个人，是资本主义生产发展的必然要求。这样就导致能够适应极其不同的劳动需求并且在交替变换的职能中只是使自己先天的和后天的各种能力得到自由的发展。这种发展的核心是"个人能力（体力和智力）的多方面的、充分的发展"（这个意思与我们今天讲的"全人教育"不完全相同）。人是实践的存在物。人有自然生命（种生命）和自为生命（类生命）；人有物质生命本质（种本质）和社会文化本质（类本质）。"自由自觉地活动"就是人的类生命、类本质。而衡量"自由自觉"的尺度是真善美。"真"是一种外在的科学的尺度，衡量活动客体的运动是否合规律；"善"是一种内在的价值的尺度，衡量活动主体的价值追求和目的意向是否合社会准则；只有既合科学规律又合社会准则，才是"美"的。

其次，以自由活动为主线。体现为：认识活动的自由（多些"内发"，少些"外铄"；多些"思考"，少些"静听"；多些"主动"，少些"被动"）和交往的自由，即人格意义上的交往（平等）和教育意义上的交往（不完全平等，不平等）。

总之，教育是发生在人与人之间的实践交往活动，无论从历史的还是现实的角度，也无论从群体的或是个体的角度，它都应该是抽象概括性与具体层次性的交融。站在个体发展的角度将教育作三个层次的划分，有助于澄清教育功能上的递进关系，便于人们理解教育的阶段性地位与作用，同时有利于人们更好地分析、把握教育与个体成长、教育与社会发展之间教育过程的复杂关系。

二、教育过程的基本要素

教育是一种复杂的社会现象，发展到今天，已形成一个多因素、多层次、多类别、多领域、多形态的整体系统。但任何教育活动，都是有三个基本要素构成的，即教育者、受教育者和教育中介要素。

（一）教育者

凡是对受教育者在知识、技能、思想、品德等方面起到教育影响作用的人，都可称为教育者。家庭是一个人受教育的重要场所，父母是子女最初和最经常的教育者。社会教育中的师傅以及起到教育作用的其他人员，都是教育者。但从教育成为社会的独立形式以后，特别是近代教育制度确立之后，教育者主要是指学校的教师以及其他形式的教育机构的教育工作者。教育是教育者有目的、有意识地向受教育者传授或引导他们学习人类生产活动经验和社会生产经验的活动，教育者是教育活动的主导者，对整个教育活动的方向和进程有着决定性的影响。教育者除了有明确的教育意图或教育目的之外，还必须理解其在实践活动中所肩负的促进个体发展及社会发展的任务或使命，他（她）是社会的代盲人、文化的传播者，也是学生的领路人。

（二）受教育者

凡是在教育活动中承担学习责任和接受教育的人都是受教育者。广义来看，几乎任何人都可能成为受教育者，只要他是因为缺少点什么在向别人学习着。在学校教育中，受教育者指学生。随着科学技术在生产上的广泛应用，终身教育时代的来临，受教育者逐渐扩展到成人乃至所有的社会公民。教育活动是教育者与受教育者双向互动的活动，受教育者是教育活动的基本要素。在教育活动中，相对于教育者，受教育者处于被领导和受教的地位。但受教育者也是社会的现实的活生生的人，他们不是教育者可以任意涂抹的白板或加工的素树，而是学习活动的主体，具有能动性、独立性、选择性和创造性。受教育者的这些主体性特征，影响和制约着教育活动的质量。受教育者的身心发展水平和个性特点既是教育活动的起点，也是他们自身进一步发展的基础。只有受教育者把外部要求转化为自己的学习、成长需求时，他才能成为自己学习的主人。随着受教育者学习能力的增长，其主观能动性在教育活动中表现得更为明显，起的作用也更大。

（三）教育中介要素

教育中介要素就是与教育相关联的精神性客体（相当于素材性教育资源）和/或物质性客体（相当于条件性教育资源）。"精神性客体"或"素材性教育资源（教育者和受教育者不包括在内）"指与教育活动中教育者与受教育者共同认识、掌握、运用的对象——合教育性文化（资源）。它是教育活动中的客体。"精神性客体"或"素材性教育资源"的构成大致可分为四种成分：①取之于符号文化的教育工具文化；②取之于人类智慧结晶的教育材料文化；③取之于"行为—作用体系"文化的教育手段文化；④取之于制度文化的教育组织形式与活动方式形态文化。它具有发展人的道德、情感、态度、智慧、体力、审美能力和综合实践能力等方面的作用。"物质性客体"或"条件性教育资源（即教育活动展开所必要的物质条件）"指进入教育活动过程的各种物质资源。根据这些物质资源在教育中的不同作用，可以把它们分为教育的活动场所与设施、教育媒体以及教育辅助手段三大类。如果没有最低限度的条件性教育资源，教育活动就不能开展下去。从这个意义上可以说物质性客体对教育活动起着决定性作用。

教育的活动场所与设施在学校中主要指校舍、教室、操场、实验室、综合活动室等的外部与内部的设备装置。

教育媒体是教育活动中教育者与受教育者之间传递信息的工具，如口头语言、图片、印刷物、影碟、电子文本等。它是教育"精神性客体"或"素材性教育资源"的载体。同样地，精神性客体可以使用不同的载体，不同的载体对不同的受教育者的学习也会产生不同的作用，从而影响教育的最终效果。

教育辅助手段是那些帮助教育者和受教育者开展教育活动的物质工具

与技术手段。它与媒体的区别在于它本身并不是教育中需要传递的信息的载体，而是某些信息载体传递时必须有的工具或手段，如录音机、计算机以及其他教育工具。不同教育媒体往往需要不同的教育辅助手段。

如果没有最低限度的条件性教育资源，教育活动就不能开展下去。从这个意义上可以说物质性客体对教育活动起着决定性作用。但具备基本教育教学条件之后，对教育活动质量产生决定性作用的因素是一组动态因素构成的，它们依次是教育者、受教育者、教育管理和教育观念。教育管理和教育观念似乎不是独立的因素，但它们是最特别的具有决定人行为意义的复合因素，复合因素与它的载体之间相互影响，但复合因素因载体而"水涨船高"。后一个（些）动态因素功能大小取决于前一个（些）因素的状况，前一个（些）因素的质量决定后一个（些）因素的质量，也决定教育的整体质量。此即教育的"五层塔理论"。

三、教育过程的关系结构

教育者、受教育者和教育中介要素是构成教育过程的基本要素，三者有机结合，共同推动教育活动的发展变化、在发展变化的过程中形成三者之间复杂的关系。

传统的实践教育观认为，教育就是教育者通过对受教育者的一种有目的、有计划、有组织的改造（影响），以达到教育者期望的目的的活动。在这种教育观中，教育者是教育活动的主体，受教育者是被动接受的客体。虽然这种教师中心的现象在今天还大量存在，但在理论上已经不再有市场，理论上使用得多的是"教师主导，学生主体"说或"双主体"说，但由于它把教育或教学分割为"教"与"学"两个过程，或者用"教的过程主导学的过程"，因而解释不清楚基本要素之间的复杂关系。

（一）教育活动中的"主—客"关系

从教育发生发展总过程或现实存在的总体状况来看，教师是主体，学生是客体。教育活动是以变革受教育者身心（包括使人免受伤害、使人获得谋生本领、发展人的自由人格)为目标的人际交往实践活动。受教育者是变革的对象,教育者总体上承担着启动、引导和调控的职责,是教育活动的主体。受教育者作为接受教育影响的人,是教育活动的作用对象和承受者,是教育活动的客体。

(二)教育者与受教育者、教育中介客体之间对象性的关系

这种对象关系实际包括三要素之间因教育活动或课堂教学情景不断变化而形成的关系群:①教育者是主体,教育中介要素和受教育者是认识客体;②受教育者是主体,教育者和教育中介要素是认识或实践的客体;③教育者是主体,受教育者与教育中介要素紧密结合构成复合主体(不是纯粹意义上的客体或主体,而是具备主体能力的潜在主体);④受教育者是主体,教育者与教育中介要素紧密结合构成复合主体;⑤在教育者和受教育者共同面对教育中介要素时,教育者和受教育者都作为主体结成一定的主体间关系。在这些关系中,教育中介要素是作为"僵死的、令人窒息的"物质存在和精神存在,还是表现为"有灵性的、有价值生命的"物质运动和精神运动,与教育者和受教育者觉悟到的自己的地位和作用相关。

主体我与客体我之间的关系。根据上述分析,教育者和受教育者都是既作为主体,又作为客体,是主客体的对立和统一体。主体我与客体我的地位变更和作用变化是教育者和受教育者角色扮演能力的一个重要方面,也是教育活动得以开展的基本要求。教师仅有主体意识,容易把自己当作教育中心,目中无学生,不能向学习者/学生学习,不能富有成效地完成促进受教育者发展的根本任务;教师缺乏主体意识,容易把学生/学习者估计过高,不对受教育者进行必要的指导、容易使学生错过发展的大好时机,有害于学生的成长。学习者缺乏主体意识,容易养成被动学习的习惯,学习的主动性、积极性和创造性的发展受阻,不利于促进教师教育教学水平的提高,不利于自身的健康成长;学习者仅有主体意识,容易把自己当作教育的中心,目中无教师,不能虚心向别人学习,容易养成浮躁心态,也不利于自身发展。

四、教育的质的规定性

教育的质的规定性，简言之，就是根据一定社会的需要进行的培养人的活动，或者说是有目的地培养人的过程。这一规定性贯穿于从古至今的一切教育之中。无论社会如何发展、时代如何变迁、教育自身如何完善，教育都是一种有意识地以影响人的身心发展为直接目的的社会实践活动，其活动的具体形式也处处体现这一本质，体现着教育与其他社会活动的根本区别。

教育作为一种培养人的活动，细分起来应有三层含义：第一，人是人，人不是动物，人生下来就带了人在进化、在历史进程中沉淀下来的历史的烙印。人的生理素质为人类所特有，而不为其他动物所具有。教育的重要内容之一，就是"引发"人的生理心理素质得以发展，使人的原始的丰富的素质呈现出来。这可以称为人的本质的"外化"。第二，人不仅是自然实体，还是社会的实体。人作为社会的实体，必然是在后天生活中，获得了人类在历史进程中所形成的并构成人们共同生活的共同的文化。人总是在一定的文化环境中生活，而所处的环境中的文化，给人的心理以潜移默化的影响，这种影响完全是一种不自觉的过程，即"文化无意识"的作用。广义的教育，实际就是"文化化"的过程。第三，人在其现实性上，又是社会关系的总和。人是具体的人，而不是抽象的人。教育的特定职能，就是按照社会要求造就一定社会所要求的人。这一过程，也就是将一定的社会本质内化于个体的过程，这可以叫作社会本质的"内化"。

人的本质的"外化"、后天社会生活的"文化化"、社会本质的"内化"，都是相对意义上的用语。没有"内化""文化化"，也就谈不上"外化"。"内化""文化化"与"外化"是矛盾的运动，矛盾的发展，矛盾的转化。教育过程就是教师凭借一定的手段，将特定的内容转化于受教育者的主体之中的过程。教育过程以动态的形式表现出来，而结果则以静态的形态存在于受教育者的主体内部，教育对象化了，而对象被加工了。教育者的教育结果就是社会所需要的社会成员。"教"使受教育者转化，内化表现为外化，完成一个教育过程、一个教育活动。一个个的教育活动，构成了一个个的受教育阶段，完成了一个个阶段的教育，人的发展就达到了各个不同的发展水平。教育就是在这样一个个的内化、外化的序列活动中进行着，实现着人的发展。

第二节　教学管理

一、教学管理概述

教学管理是运用管理科学和教学论的原理与方法，充分发挥计划、组织、协调、控制等管理职能，对教学过程各要素加以统筹，使之有序运行，提高效能的过程。教育行政部门和学校共同承担教学管理工作。教学管理涉及教学计划管理、教学组织管理、教学质量管理等基本环节。

（一）任务

①制订学校教学工作计划，明确教学工作目标，保证学校教学工作有计划、有步骤、有条不紊地运转。

②建立和健全学校教学管理系统，明确职责范围，发挥管理机构及人员的作用。

③加强教师的教学质量和学生的学习质量管理。

④组织开展教学研究活动，促进教学工作改革。

⑤深入教学第一线，加强检查指导，及时总结经验，提高教学质量。

⑥加强教务行政管理工作。

（二）主要内容

1. 过程管理

教学过程是根据一定的社会要求与教学目的和学生身心发展的特点，由教师的教和学生的学所组成的双边活动过程。这个过程是由教师、学生、教学内容和手段等要素构成的。教师是教学过程的主导因素，学生是教学过程的主体因素，教学内容和手段是教学过程的客观因素。教师教学的过程是由备课、上课、课外辅导、作业批改、成绩考评五个基本环节所构成。学生学的过程是由课前预习、听课、复习巩固、考查、掌握和运用五个基本环节所构成。教学过程的管理，也就是如何按照教学过程的规律来决定教学工作的顺序，建立相应的方法，通过计划、招待、检查和总结等措施来实现教学目标的活动过程。

2. 业务管理

教学业务管理是对学校教学业务工作所进行的有计划、有组织的管理活动。教学业务管理是学校教学管理的重要组成部分，它决定着学校教学管理的水平。

3. 质量管理

教学质量管理是按照培养目标的要求安排教学活动，并对教学过程的各个阶段和环节进行质量控制的过程。学校教学管理的中心任务在于提高教学质量。

4. 监控管理

教学监控分为教学质量监控（可归科组管理）和教学过程监控（可归年级管理）。所谓教学质量监控，就是根据课程对教学的要求，对教学的过程和情况进行了解和监测，找出反映教学质量的资料和数据，发现教学中存在的问题，分析产生问题的原因，提出纠正存在问题的建议，促进教学质量的提高，促进学生学习水平的提高和教师的专业发展，从而保证课程实施的质量，保证素质教育方针的落实。监控是过程，评价是结果，目的是促进。

（三）现代化

1. 多媒体

根据教学目标和教学对象的特点，通过教学设计，合理选择和运用现代教学媒体，并与传统教学手段有机组合，共同参与教学全过程，以多种媒体信息作用于学生，形成合理的教学过程结构，达到最优化的教学效果。常见类型为通过多媒体教室进行现代化的教学管理。

2. 优化制度

现行教学管理，盛行分数主义。分数是评定学生学业成绩的重要手段，也是考查教师教学质量的重要指标；是促进教师工作和学生学习的一种强有力手段，控制教师工作和学生学习的一根极可怕的"魔杖"，分数管理严重歪曲了教学改革的价值取向。校章校制是学校办学经验的结晶和反映，但有些学校过分细化规章，把教师和学生当成管理的对象，把领导变成监工，这种管理严重扭曲了教学的本性。因此，构建人性化的学校教学管理制度势在必行。

重建以"校"为本的教学研究制度。学校进行教学研究必须以校为本，即要从学校教学实践中的问题出发，通过全体教师共同研究，达到解决问题、提高质量的目的，在学校中，通过学校，为了学校。教学研究要在学校取得"合法"地位，并真正成为学校教学改革发展的永恒动力，必须进行制度的建设。同时通过制度化的建设，在学校形成一种崇尚学术、崇尚研究的氛围，这是保证教学改革和教学专业化发展最有力的内在机制。

重建"民主科学"的教学管理机制。教师参与学校民主管理的状况，直接影响着民主化教学意识的养成。为此，学校必须改变以往"家长式"的管理方式，建立民主、科学的教学管理机制，建立健全由教师、学生、学生家长、教育专家或社会知名人士组成的教职工代表大会制度，加强民主管理和民主监督，使广大教师可以通过一种法定的形式和正常的渠道参与学校管理工作。

重建"促进教师成长"的考评制度。首先在制订考评内容和标准上，要体现新课程的精神，反映教师创造性劳动的性质和角色转换的要求以及教学改革的方向。要把教师的教学研究、教改实验、创造性教学和校本课程开发以及师生关系引入考评的内容。其次在考评的组织实施上，要努力使考评过程成为引导教师学会反思、学会自我总结的过程，从而进一步提高认识，更新观念。最后，考评结果要防止片面化和绝对化，杜绝分数主义，要从教师专业成长的过程来看待每次考评的结果，为教师建立档案，帮助教师全面了解自己，明确自己所处的成长阶段和进一步努力的方向。

3. 新课改

从课程社会学的角度而言，课程实施的过程同时也是学校教育价值观和学校文化重建的过程。人们认为，新课程改革持续发展有三大推动力：第一，热情和责任；第二，校本研究制度的建设；第三，学校文化重建。我们以为新课程持续发展核心的动力应该是新的学校文化。在新课程推进中，学校文化建设必须引起我们足够的关注。教学工作是学校的核心工作，学校通过各种有效的教学将教育目的、课程蓝图变为现实。我们的切入点和着力点应该放在"教学管理制度的重建"上。

简单地说，教学管理制度就是保障教学系统有效运行的组织形式和行为规范。用外延方式来下定义，教学管理制度是教学管理体系（组织结构）和教师教学的行为准则（教学常规）的总和，它包括教学思想管理、课程计划管理、教学过程管理、评价与考试管理、教研科研管理和教学行政管理等。

事实上，无论是理论界还是实践领域，都未把教学管理上升到"制度"的层面。大多数的《教育学》《教育原理》《教学论》书上讲"教育制度""教学组织形式""教学管理"，而不提教学制度，甚至在《学校管理学》著作里也很少有专章论及"教学管理制度"。实践上以"教学常规"论之。但教学管理制度确实存在，它具体表现为一种教学组织结构，比如班级授课制；一套关于教学程序与教学行为的规范体系，比如教学常规；同时它还是一套分类系统与激励机制，如教师的职称晋升等。教学管理制度是教学系统高效运行的基本保障。教学系统是由有形的教学人员、教学设施设备和教学时空等物质和无形的课程理念、教学思想等意识组成。正是通过教学管理制度，如同计算机程序一样，把教学系统的各种因素连接成一个整体，保证教学活动有序、规范、高效地运行。一方面，课程理念、教学思想总是借助一定的制度才能转化为人们自觉的行动，变成现实；另一方面，人员设施等又总要不得借助制度才得以合理地开发与利用。

4. 新理念

新课程改革是一场课程教材改革为表征的，反映时代精神的教育革命，是对产生于计划经济时代与经济社会发展相脱节的学校教育全面的整体变革，它绝不是用一种教材去更换另一种教材，用一种教学技术去更换另一种教学技术，而是包括教育目标、课程体系、教学思想以及教学管理制度在内的全方位的变革。而一旦教学组织机构、规范体系、内在激励机制发生了根本的变化，课程改革才不会流于形式，半途而废，才会持续深入。可见，教学制度重建既是新课程改革的外在保障，又是新课程改革的重要组成部分。我们面对着一个个非常实际的亟须调整的管理问题，如何组织集体备课，如何写教案，如何组织观摩研讨、评课、议课，教师工作量如何计算，教师考核评价怎么进行，学生期末综合评价如何进行等。我们认识到，原来的一套常规管理制度已有很多不适应教学改革的要求，重建符合新课程理念的教学管理制度已刻不容缓。

二、教学设计

教学设计是根据课程标准的要求和教学对象的特点，将教学诸要素有序安排，确定合适的教学方案的设想和计划。一般包括教学目标、教学重难点、教学方法、教学步骤与时间分配等环节。

（一）定义

教学设计是一个系统化规划教学系统的过程。教学系统本身是对资源和程序做出有利于学习的安排。任何组织机构，如果其目的旨在开发人的才能均可以被包括在教学系统中。

教学设计也是一个系统设计并实现学习目标的过程，它遵循学习效果最优的原则，是课件开发质量高低的关键所在。

（二）方法特征

1. 特征

教学设计具有以下特征。

第一,教学设计是把教学原理转化为教学材料和教学活动的计划。教学设计要遵循教学过程的基本规律,选择教学目标,以解决教什么的问题。

第二,教学设计是实现教学目标的计划性和决策性活动。教学设计以计划和布局安排的形式,对怎样才能达到教学目标进行创造性的决策,以解决怎样教的问题。

第三,教学设计是以系统方法为指导。教学设计把教学各要素看成一个系统,分析教学问题和需求,确立解决的程序纲要,使教学效果最优化。

第四,教学设计是提高学习者获得知识、技能的效率和兴趣的技术过程。教学设计是教育技术的组成部分,它的功能在于运用系统方法设计教学过程,使之成为一种具有操作性的程序。

2. 方法

第一,教学设计要从"为什么学"入手,确定学生的学习需要和学习目标。

第二,根据学习目标,进一步确定通过哪些具体的教学内容提升学习者的知识与技能、过程与方法、情感态度与价值观,从而满足学生的学习需要,即确定"学什么"。

第三,要实现具体的学习目标,使学生掌握需要的教学内容,应采用什么策略,即"如何学"。

第四,要对教学的效果进行全面的评价,根据评价的结果对以上各环节进行修改,以确保促进学生的学习,获得成功的教学。

3. 目的

教学设计是为了提高教学效率和教学质量,使学生在单位时间内能够学到更多的知识,更大幅度地提高学生各方面的能力,从而使学生获得良好的发展。

(三)教案设计的原则

1. 系统性原则

教学设计是一项系统工程,它是由教学目标和教学对象的分析、教学内容和方法的选择以及教学评估等子系统所组成，各子系统既相对独立，又相互依存、相互制约，组成一个有机的整体。在诸子系统中，各子系统的功能并不等价，其中教学目标起指导其他子系统的作用。同时，教学设计应立足于整体，每个子系统应协调于整个教学系统中，做到整体与部分辩证地统一，系统的分析与系统的综合有机地结合，最终达到教学系统的整体优化。

2. 程序性原则

教学设计是一项系统工程，诸子系统的排列组合具有程序性特点，即诸子系统有序地成等级结构排列，且前一子系统制约、影响着后一子系统，而后一子系统依存并制约着前一子系统。根据教学设计的程序性特点，教学设计中应体现出其程序的规定性及联系性，确保教学设计的科学性。

3. 可行性原则

教学设计要成为现实，必须具备两个可行性条件：一是符合主客观条件。主观条件应考虑学生的年龄特点、已有知识基础和师资水平；客观条件应考虑教学设备、地区差异等因素；二是具有操作性。教学设计应能指导具体的实践。

4. 反馈性原则

教学成效考评只能以教学过程前后的变化以及对学生作业的科学测量为依据。测评教学效果的目的是获取反馈信息，以修正、完善原有的教学设计。

（四）教学设计的基本要素

"模式"是对理论的一种简洁的再现。不论哪一种教学设计模式，都包含有下列五个基本要素：教学任务及对象；教学目标；教学策略；教学过程；教学评价。对象、目标、策略、过程和评价五个基本要素相互联系、相互制约，构成了教学设计的总体框架。

1. 教学任务

新课程理念下，课堂教学不再仅仅是传授知识，教学的一切活动都是着眼于学生的发展。在教学过程中如何促进学生的发展，培养学生的能力，是现代教学思路的一个基本着眼点。因此，教学由教教材向用教材转变。以往教师关注的主要是"如何教"问题，那么现今教师应关注的首先是"教什么"问题。也就是需要明确教学的任务，进而提出教学目标，选择教学内容和制订教学策略。

2. 教学目标

教学设计中对于目标阐述，能够体现教师对课程目标和教学任务的理解，也是教师完成教学任务的归宿。

新课程标准从关注学生的学习出发，强调学生是学习的主体，教学目标是教学活动中师生共同追求的，而不是由教师所操纵的。因此，目标的主体显然应该是教师与学生。

教学目标确立了知识与技能、过程与方法、情感态度与价值观"三位一体"的课程教学目标，它与传统课堂教学只关注知识的接受和技能的训练是截然不同的。体现在课堂教学目标上，就是注重追求知识与技能，过程与方法，情感、态度与价值观三个方面的有机整合，突出了过程与方法的地位，因此在教学目标的描述中，要把知识技能、能力、情感态度等方面都考虑到。

3. 教学策略制订

所谓教学策略，就是为了实现教学目标，完成教学任务所采用的方法、步骤、媒体和组织形式等教学措施构成的综合性方案。它是实施教学活动的基本依据，是教学设计的中心环节。其主要作用就是根据特定的教学条件和需要，制订出向学生提供教学信息、引导其活动的最佳方式、方法和步骤。

①教学组织形式；②教学方法；③学法指导；④教学媒体。

特别要指出的是，板书作为传统的、常规的媒体在我们的教学中还应该有一席之地，而且还占有相当大的比重，所以在设计媒体时千万别忽视了对板书的设计。

4. 教学过程

众所周知，现代教学系统由教师、学生、教学内容和教学媒体等四个要素组成，教学系统的运动变化表现为教学活动进程（简称"教学过程"）。教学过程是课堂教学设计的核心，教学目标、教学任务、教学对象的分析，教学媒体的选择，课堂教学结构类型的选择与组合等，都将在教学过程中得到体现。那么怎么样在新课程理念下，把诸因素很好地组合，是教学设计的一大难题。

5. 教学设计自我评价

新课程理念下，教学设计的功能与传统教案的不同之处在于它不仅仅只是上课的依据。教学设计，首先能够促使教师去理性地思考教学，同时在教学元认知能力上有所提高，只有这样，才能够真正体现教师与学生双发展的教育目的。

（五）教学设计书写

1. 书写内容及步骤

①教学设计说明：写出本教学设计意图和整体思路（突出新课程特点）；②教学分析：包括教学内容的分析和学情的分析；③教学目标：知识与技能，过程与方法，情感态度与价值观；④教学策略（或学法指导）：选用的教学方法，教学手段，媒体及板书设计；⑤教学过程；⑥教学反思、评价。

2. 书写说明

（1）书写的形式

书写可以是文本的，也可以是表格的，也可以将文本和表格二者结合。一般文本形式可以比较充分地表达思想和具体的内容，信息量大，但不宜直观地反映教学结构中各要素之间的关系。而表格形式能够比较简洁、综合体现教学环节教、学诸因素的整合。因此，人们认为，或者以表格书写，或者将文本和表格书写形式合二为一，后一种方式是比较理想的呈现，采用文本形式书写前端分析，教学过程则一般以表格形式书写，从而组织成为一篇教学设计方案。

（2）教学设计书写形式

教学设计书写形式不是一成不变的，可以根据具体的内容要求灵活展现，所以不拘一格，写出个性，写出创意，写出风采。

（3）教学反思评价作为教学设计来说也是一个必不可少的环节

最后还需要说明的是，教学设计内容和形式应该根据需要而定，如果为了同行间探讨、交流而进行设计外，则应选择较为详细和较强的理论展现为主要内容和相应的形式，如果是教师本人为了作为上课前对课的理解和策划，则可以相对淡化理论色彩并简化分析要素，更多地关注过程方法策略以及教学流程和板书的设计。总之，课堂教学设计方案的多元化和创新是我们所追求的目标。

（六）教学设计与教案的区别

我们用表格形式将教案与教学设计进行比较可以看出，从关注"具体的教材教法的研究"转变为关注"以促进学生学习的有效的教学策略研究"是从传统教案走向现代教学设计的根本转折点，只有弄清了二者的区别，才能够真正理解并掌握现代教学设计的理念和技术，在进行教学设计时不会将二者混淆。

①脉络要"准"——是教学设计的"出发点"。

②目标要"明"——是教学设计的"方向"。

③立意要"新"——是教学设计的"灵魂"。

④构思要"巧"——是教学设计的"翅膀"。

⑤方法要"活"——是教学设计的"表现形式"。

⑥练习要"精"——是教学设计的"综结点"。

三、教学方法

教学方法论由教学方法指导思想、基本方法、具体方法、教学方式四个层面组成。教学方法包括教师教的方法（教授法）和学生学的方法（学习法）两大方面，是教授方法与学习方法的统一。教授法必须依据学习法，否则便会因缺乏针对性和可行性而不能达到预期的目的。但由于教师在教学过程中处于主导地位，所以在教法与学法中，教法处于主导地位。

（一）内涵与分类

1. 内涵特点

（1）教学方法不同界定之间的共性

①教学方法要服务于教学目的和教学任务的要求。②教学方法是师生双方共同完成教学活动内容的手段。③教学方法是教学活动中师生双方行为的体系。

（2）教学方法的内涵重点

教学方法，是教学过程中教师与学生为实现教学目的和教学任务要求，在教学活动中所采取的行为方式的总称。

教学方法的内在本质特点：

①教学方法体现了特定的教育和教学的价值观念，它指向实现特定的教学目标要求。

②教学方法受到特定的教学内容的制约。

③教学方法要受到具体的教学组织形式的影响和制约。

2. 分类模式

（1）国外教学

①巴班斯基的教学方法分类

依据是对人的活动的认识，认为教学活动包括这样的三种成分，即知识信息活动的组织、个人活动的调整、活动过程的随机检查。把教学划分为三大类：

第一大类："组织和自我组织学习认识活动的方法"。

第二大类："激发学习和形成学习动机的方法"。

第三大类："检查和自我检查教学效果的方法"。

②拉斯卡的教学方法分类

分类的依据是新行为主义的学习理论，即刺激——反应联结理论。

（教学方法——学习刺激——预期的学习结果）

依据在实现预期学习结果中的作用，学习刺激可分为A、B、C、D四种，据此相应地归类为四种基本的或普通的教学方法。

第一种方法：呈现方法。

第二种方法：实践方法。

第三种方法：发现方法。第四种方法：强化方法。

③威斯顿和格兰顿的教学方法分类

依据教师与学生交流的媒介和手段，把教学方法分为四大类：教师中心的方法，主要包括讲授、提问、论证等方法。

相互作用的方法，包括全班讨论、小组讨论、同伴教学、小组设计等方法。

个体化的方法，如程序教学、单元教学、独立设计、计算机教学等。

实践的方法，包括现场和临床教学、实验室学习、角色扮演、模拟和游戏、练习等方法。

（2）中国教学

①李秉德教授[①]主编学论中的教学方法分类

按照教学方法的外部形态，以及相对应的这种形态下学生认识活动的特点，把中国的中小学教学活动中常用的教学方法分为五类。

第一类方法："以语言传递信息为主的方法"，包括讲授法、谈话法、讨论法、读书指导法等。

第二类方法："以直接感知为主的方法"，包括演示法、参观法等。

第三类方法："以实际训练为主的方法"，包括练习法、实验法、实习作业法。第四类方法："以欣赏活动为主的教学方法"，例如陶冶法等。

第五类方法："以引导探究为主的方法"，如发现法、探究法等。

---

① 李秉德教授终生致力于教育，尤其是课程与教学论的研究，是新中国教学论、教育科学研究方法、语文教育等学科领域的开拓者和奠基人之一。

②黄甫全教授[①]提出的层次构成分类模式。

黄甫全教授认为，从具体到抽象，教学方法是由三个层次构成的，这三个层次是：

第一层次：原理性教学方法。解决教学规律、教学思想、新教学理论观念与学校教学实践直接的联系问题，是教学意识在教学实践中方法化的结果。如：启发式、发现式、设计教学法、注入式方法等。

第二层次：技术性教学方法。向上可以接收原理性教学方法的指导，向下可以与不同学科的教学内容相结合构成操作性教学方法，在教学方法体系中发挥着中介性作用。例如：讲授法、谈话法、演示法、参观法、实验法、练习法、讨论法、读书指导法、实习作业法等。

第三层次：操作性教学方法。指学校不同学科教学中具有特殊性的具体的方法。如语文课的分散识字法、外语课的听说法、美术课是写生法、音乐课的视唱法、劳动技术课的工序法等。

（二）常用方法

1. 讲授法

讲授法是教师通过简明、生动的口头语言向学生传授知识、发展学生智力的方法。它是通过叙述、描绘、解释、推论来传递信息、传授知识、阐明概念、论证定律和公式，引导学生分析和认识问题。运用讲授法的基本要求是：

①讲授既要重视内容的科学性和思想性，同时又要应尽可能地与学生的认知基础发生联系。

②讲授应注意培养学生的学科思维。

③讲授应具有启发性。

[①] 黄甫全教授，男，1957年11月出生，中共党员，四川洪雅人。1994年6月在东北师范大学获得教育学博士学位。曾任华南师范大学教育科学学院课程与教学系主任，教授，博士生导师，中国教育学会课程专业委员会常任副主任，广东教育学会课程与教学论专业委员会理事长。2002年9月被华南师范大学聘为B岗教师。

④讲授要讲究语言艺术。语言要生动形象、富有感染力，清晰、准确、简练、条理清楚、通俗易懂，尽可能音量、语速要适度，语调要抑扬顿挫，适应学生的心理节奏。

讲授法的优点是教师容易控制教学进程，能够使学生在较短时间内获得大量系统的科学知识。但如果运用不好，学生学习的主动性、积极性不易发挥，就会出现教师满堂灌、学生被动听的局面。

2. 讨论法

讨论法是在教师的指导下，学生以全班或小组为单位，围绕教材的中心问题，各抒己见，通过讨论或辩论活动，获得知识或巩固知识的一种教学方法。优点在于，由于全体学生都参加活动，可以培养合作精神，激发学生的学习兴趣，提高学生学习的独立性。一般在高年级学生或成人教学中采用。运用讨论法的基本要求是：

①讨论的问题要具有吸引力。讨论前教师应提出讨论题和讨论的具体要求，指导学生收集阅读有关资料或进行调查研究，认真写好发言提纲。

②讨论时，要善于启发引导学生自由发表意见。讨论要围绕中心，联系实际，让每个学生都有发言机会。

③讨论结束时，教师应进行小结，概括讨论的情况，使学生获得正确的观点和系统的知识。

3. 直观演示法

直观演示法是教师在课堂上通过展示各种实物、直观教具或进行示范性实验，让学生通过观察获得感性认识的教学方法。直观演示法是一种辅助性教学方法，要和讲授法、谈话法等教学方法结合使用。运用直观演示法的基本要求是：

①目的要明确。

②现象要明显且容易观察。

③尽量排除次要因素或减小次要因素的影响。

4. 练习法

练习法是学生在教师的指导下巩固知识、运用知识、形成技能技巧的方法。在教学中，练习法被各科教学广泛采用。练习一般可分为以下几种：

①语言的练习。包括口头语言和书面语言的练习，旨在培养学生的表达能力。

②解答问题的练习。包括口头和书面解答问题的练习，旨在培养学生运用知识解决问题的能力。

③实际操作的练习。旨在形成操作技能，在技术性学科中占重要地位。

5. 读书指导法

读书指导法是教师指导学生通过阅读教科书或参考书，以获得知识、巩固知识、培养学生自学能力的一种方法。

6. 任务驱动法

教师给学生布置探究性的学习任务，学生查阅资料，对知识体系进行整理，再选出代表进行讲解，最后由教师进行总结。任务驱动教学法可以以小组为单位进行，也可以以个人为单位组织进行，它要求教师布置任务要具体，其他学生要积极提问，以达到共同学习的目的。任务驱动教学法可以让学生在完成"任务"的过程中，培养分析问题、解决问题的能力，培养学生独立探索及合作精神。

7. 参观教学法

组织或指导学习到育种试验地进行实地观察、调查、研究和学习，从而获得新知识或巩固已学知识的教学方法。参观教学法一般由校外实训教师指导和讲解，要求学生围绕参观内容收集有关资料，质疑问难，做好记录，参观结束后，整理参观笔记，写出书面参观报告，将感性认识升华为理性知识。参观教学法可使学生巩固已学的理论知识，掌握最新的前沿知识。参观教学法主要应用于各种植物品种改良技术的工作程序、后代选择方法和最新研究进展等方面内容的教学。参观教学法可以分为："准备性参观、并行性参观、总结性参观"。

8. 现场教学法

现场教学法是以现场为中心，以现场实物为对象，以学生活动为主体的教学方法。本课程现场教学在校内外实训基地进行，主要应用于育种试验布局规划、试验设计、作物性状的观察记载方法等项目的教学。

9. 自主学习法

为了充分拓展学生的视野，培养学生的学习习惯和自主学习能力，锻炼学生的综合素质，通常给学生留思考题或对一些生产问题，让学生利用网络资源自主学习的方式寻找答案，提出解决问题的措施，然后提出讨论评价。

自主学习法主要应用于课程拓展内容的教学，如项目教学未涉及的小作物具体的育种方法和特点，组织学生自主学习，按照论文的形式并撰写学习小论文，交由老师评价。锻炼学生提出问题、解决问题和科技写作能力。

（三）选择运用

科学、合理地选择和有效地运用教学方法，要求教师能够在现代教学理论的指导下，熟练地把握各类教学方法的特性，能够综合地考虑各种教学方法的各种要素，合理地选择适宜的教学方法并能进行优化组合。

1. 选择教学方法的基本依据

（1）依据教学目标选择教学方法

不同领域或不同层次的教学目标的有效达成，要借助相应的教学方法和技术。教师可依据具体的可操作性目标来选择和确定具体的教学方法。

（2）依据教学内容特点选择教学方法

不同学科的知识内容与学习要求不同；不同阶段、不同单元、不同课时的内容与要求也不一致，这些都要求教学方法的选择具有多样性和灵活性。

（3）根据学生实际特点选择教学方法

学生的实际特点直接制约着教师对教学方法的选择，这就要求教师能够科学而准确地研究分析学生的上述特点，有针对性地选择和运用相应的教学方法。

（4）依据教师的自身素质选择教学方法

任何一种教学方法，只有适应了教师的素养条件，并能为教师充分理解和把握，才有可能在实际教学活动中有效地发挥其功能和作用。因此，教师在选择教学方法时，还应当根据自己的实际优势，扬长避短，选择与自己最相适应的教学方法。

（5）依据教学环境条件选择教学方法

教师在选择教学方法时，要在时间条件允许的情况下最大限度地运用和发挥教学环境条件的功能与作用。

2. 教学方法的运用

教师选择教学方法的目的，是要在实际教学活动中有效地运用。

首先，教师应当根据具体教学的实际，对所选择的教学方法进行优化组合和综合运用。

其次，无论选择或采用哪种教学方法，要以启发式教学思想作为运用各种教学方法的指导思想。

最后，教师在运用各种教学方法的过程中，还必须充分关注学生的参与性。

（四）新的教学方法和模式

1. 过程启发式教学法

过程启发式教学法是针对传统的启发式教学提出来的，在对传统的启发式教学的研究中发现，这种教学在很大程度上是一种以结果为中心的启发。这种启发法的特点是，在教学过程中，针对具体的问题，教师头脑中先有了一个结果（答案），然后通过所谓的启发式提问，提出一个个问题，一步步引导学生向预设好的结果逼近，直到把这个结果问出来。这样做的直接后果就是使学生形成对教师提问的依赖，即教师向他提问他就会回答，离开教师的提问他就不会思考。

那么应该用什么方法去引导呢？人们认为，应该运用过程启发式的教学法。启发式教学的目标不应该是问出一个标准答案，而应该教学生学会思考，提问要指向思考过程和思考方法。

过程启发式教学的基本实施步骤是：根据学生学习知识、技能所需要的高效思维方法，按思维流程设计相应的启发式问题，根据所设计的问题启发学生思考，并逐步过渡到让学生自己向自己提出问题、自我启发。这一方法的实施从根本上解决了如何使学生学会学习、学会思考的问题。

2. 元认知教学法

元认知是对自己的思想观念的一种认识。比如你现在解一道题，你用什么方法思考呢？是简便方法还是笨拙方法？这种针对自己的思考、自己的思维过程的认识，就是元认知。因为元认知是针对自己的思维活动，元认知很大的功能就是能帮助人们调控自己的思维过程，改进自己的思维活动，使自己的思维能更加科学、和谐，因此，要培养学生的思维能力，就必须培养学生的元认知能力，使学生能更好地调控自己的思维过程。

进行元认知教学主要从以下三个方面入手。

①教给学生元认知的知识。主要是关于怎样科学思维的方法和技巧。

②积累学生的元认知体验。元认知体验，是指学生在解决一个问题时，要让他体验到，用原来的方法思考不好、不容易解决问题，而用现在学到的新的思维方法去思考会更好，更容易解决问题。当学生有了这种体验以后，再遇到问题，他们就知道应该用简便方法去思考，不用笨拙方法。

③训练学生的元认知监控能力，元认知监控包括两个方面，一个是自我监视，一个是自我控制，就是在思考问题的时候，学生要监视自己，是否要用好方法去思考，因此元认知的第一步，就是要意识到自己正在用什么方法思考问题，这方法好不好，这是监视。之后要实施控制。如果发现这是好方法，就继续下去；当发现自己方法不得当时，就开始控制，换一种方法去思考。元认知监控是一个元认知发挥作用的过程，但是这种监控很难。学生在思考问题时，往往把思维集中在问题上，而不注意自己在运用什么方法思考，因此，要培养元认知监控的能力，就要进行训练。训练的方法是自我提问法，自己给自己提问题，比如说，一个题拿到手后，你首先该干什么呢？

你应该分析问题。因此问自己"我仔细分析问题没有?"问题分析之后,接着该干什么呢?第一步、第二步做了,你第三步做了没有?自己问自己,通过自我提问来推动思维的发展。

这种教学方法的运用,是过程启发式教学法的延伸,通过这种方法的教学,学生将由依赖教师的启发提问,逐渐转变为自我提问自我启发。

3. 研究性学习指导法

研究性学习作为一种不同于传统学习的新型学习方式,它的根本目标在于培养学生的创新能力和实践能力。但是,研究性学习究竟怎么搞,人们又普遍感到困惑。因为相对而言,传统的学习可以说是"接受性"的学习。在传统的课堂上,讲解式的教,接受式的学占主导地位,学生不直接接触客观实际,缺少直接经验。这种方式下所获得的知识缺乏活力,特别是它不利于学生创新能力的培养。而在研究性学习中,教师教的方式和学生学的方式发生了巨大的变化,没有现成的知识可灌输。在这个过程中,教师的作用怎样发挥呢?教师发挥指导作用主要有以下三种基本方法:

①教给学生关于如何研究的基本知识。

②教给学生做研究的具体方法,如关于如何提问、如何查资料、如何做实验、如何解决问题、如何与人合作、如何写论文等。

③运用样例启发、修正思路、及时点拨、指导学生。样例启发是指用样例来说明问题、启发学生思考的一种方法。修正思路的指导方法是指在学生有了初步研究意向时,教师结合实际情况,给他们以具体的修正思路或明确界定问题的指导。及时点拨是指教师在学生的探索过程中给以具体点拨与指导。

4. 治学型学习指导法

治学型学习主要用于业余学习,是指学习者带着对某一领域的浓厚兴趣,主动地在该领域查寻、搜集资料(包括通过自己的实验和调查所积累的资料),并通过对资料的加工、处理,尝试建构新理论,从而掌握该领域的丰富知识和专门技能的学习过程。治学型学习既不像自学那样以教材的学习为主，也不像研究性学习那样通过问题解决或跨学科的综合性学习去体验和掌握科学的一般过程、方法和原理，它更强调专门领域知识和技能的积累，更注意对某个领域的特殊兴趣的培养。通过治学型学习来培养大批的专门人才是社会发展的需要。以下为几点意见：

①培养学生发现问题和研究问题的兴趣，帮助学生开展课外兴趣小组活动。

②培养学生搜集资料的能力、快速阅读的能力和科学处理资料的能力。

③培养理论构建思维能力和论文写作能力。

④培养献身科学、严谨求实、合作共事、独立钻研的治学精神。

四、教学目标与计划

（一）教学目标

教学目标是关于教学将使学生发生何种变化的明确表述，是指在教学活动中所期待得到的学生的学习结果。在教学过程中，教学目标起着十分重要的作用。教学活动以教学目标为导向，且始终围绕实现教学目标而进行。

教学目标可以分为三个层次：一是课程目标；二是课堂教学目标；三是教育成材目标。这也是教学的最终目标。

1. 课程目标

教学科目（学科）是教学内容的基本门类。

课程是指各个教学科目与课外活动的综合。

所谓课程目标，实际上就是在教育部各个学科的《课程标准》里，要求每个参与基础教育教学工作者在教学的过程中，要认真关注的内容。

2. 课堂教学目标

课堂教学目标是指教学活动预期达到的结果，是教育目的、教学目标和课程目标的具体化，也是教师完成教学任务所要达到的要求和标准。

课堂教学目标比课程目标更具体，是课程目标在具体的教学过程中的体现。在某一学科的课堂教学中，教师需要根据课程目标和具体的教学内容来确定详细的教学目标以便选择教学内容和确定教学效果。

（1）目标内涵

每门具体的学科目标都应包括三个方面的内容：

①知识与技能：即每门学科的基本知识和基本技能。

②过程与方法：即让学生了解学科知识形成的过程，"亲历"探究知识的过程；学会发现问题、思考问题、解决问题的方法，学会学习，形成创新精神和实践能力等。

③情感、态度和价值观：即让学生形成积极的学习态度、健康向上的人生态度，具有科学精神和正确的世界观、人生观、价值观，成为有社会责任感和使命感的社会公民等。具体而言，情感：不仅指学习兴趣、学习热情、学习动机，更是指内心体验和心灵世界的丰富。态度：不仅指学习态度、学习责任，更是指乐观的生活态度、求实的科学态度和宽容的人生态度。价值观：不仅强调个人价值，更强调个人价值与社会价值的统一；不仅强调科学价值，更强调科学价值与人文价值的统一；不仅强调人类价值，更强调人类价值与自然价值的统一，从而使学生从内心确立起对真善美的价值追求以及人与自然和谐、可持续发展的理念。

可以说，知识与技能维度的目标立足于让学生学会；过程与方法维度的目标立足于让学生会学；情感、态度与价值观难度的目标立足于让学生乐学。

任何割裂知识与技能、过程与方法、情感态度与价值观三维目标的教学都不能促进学生的健全发展。

（2）目标关系

知识与技能、过程与方法、情感态度与价值观是新课程目标的三个维度，而不是三块、三种类型。不是要在原来知识、技能的基础上再加上过程与方法、情感态度与价值观。三者本身是一个有机的整体，是同一事物的三个方面（侧面）。就像一个立方体都有长、宽、高三个维度一样，课程目标也有三个维度：学生学习任何知识和技能都要运用一定的方法，不管是好方法还是不好的方法；都要经历一个过程，不管是主动探究还是消极接受；在这个学习过程中，学生总会伴随一定的情感和态度，不管是积极的情感还是消极的情感，不管是敷衍的态度还是认真的态度；总会有一定的价值取向，不管是正确的还是不正确的。

所以说，三维的课程目标是一个问题的三个方面，而不是独立的三个目标。在课堂教学中，不能完成了一维目标再落实另一维目标，它们是联系在一起的，就像拿一个立方体，不可能只拿起"高"而不拿起"长和宽"一样。在研究层面，我们可以把它拆开，但在实践层面必须是三位一体，因为实践层面是面对完整的人的，绝对不能把它人为地分开。不是一节课分成三大环节，分别完成三个目标。

（3）实现方法

①在学习的过程中实现三维目标

当今的课堂教学应当成为学生自主、合作、探究学习的天地。"自主学习"是指学生在学习的过程中有较强的主体作用，能够自我定向，自我选题，自我激励，自我监控和自我评价。"合作学习"是指学生在学习的过程中，借助小组和团队的力量，共同完成学习任务，更加有效地进行学习。"探究学习"是指学生在学习的过程中采用探究的方式，是一种在设定情境下的探究，学生通过自主、独立地选题、调查、收集资料，处理信息，交流材料，表达与交流等探索活动，获得知识技能，发展情感与态度，培养探索精神和创新能力的学习方法和学习过程。自主、合作、探究三者相辅相成，水乳交融，有机结合。自主、合作、探究的学习方式都是以学生为中心，使学生成为学习和发展的主体。学生采取这样的学习方式，在学习的过程中有情感的投入，能获得有效的情感体验，有利于学生良好价值观的形成。同时也发展了学生的能力，使知识、文化得到积累。

②在指导的过程中实现三维目标

新课程标准都是以学生的学为基础提出来的，淡化了教师的主导地位。但是，在课堂教学的过程中，教师的指导仍然起着至关重要的作用，这种作用是通过学生的主体地位的确立和学生自主、合作、探究学习的效果体现出来的。课堂教学虽然应当成为学生自主、合作、探究学习的天地，但教师绝不是袖手的旁观者。教师应当积极地指导学生的学习过程，采取适当的学习方法。并且教师应当成为学生学习的合作者，主动积极地参与学生的学习过程，在参与的基础上指导。教师第一要利用有利于学生学习的因素，激发学生学习的内动力，让每个学生都能体会到学习的乐趣。第二要千方百计拓展学生自主、合作、探究学习的空间。第三要适当组织专题性探究活动。

教师要注意在学生的能力和知识的基础上，指导学生选择适合自身发展需要的学习方法，在指导的过程中和指导的基础上，激发学生的情感体验，丰富学生的知识，发展学生的能力。

③在实践的过程中实现三维目标

课堂教学过程，不仅是学生学习的过程和教师生组织教学的过程，而且是学生实践的过程。因此，教师要注意学生实践能力的培养，并且在培养学生实践能力的过程中，使三维目标得以实现。学生的实践过程包括识字写字、阅读、写作、口语交际、收集和处理信息、绘图、计算、测量、制作等实践活动。教师要注意重视学生的实践活动，在实践活动中培养实践能力。由于学生的实践活动都是自主、合作学习的过程，是掌握知识，培养能力的有效途径，并且在实践活动中学生的情感得到体验和升华。

④利用课程资源实现三维目标

课程资源包括课堂教学资源和非课堂教学资源。课堂教学资源都是按照新课程标准、按照三维目标的要求设置的学习目标和学习任务。非课堂教学资源包括图书、报纸、刊物、电视、电影、网络环境、校园文化、社区风俗、文物古迹、自然景观、人文精神、国际国内大事、学生的家庭生活和日常生活都是可供利用的课外学习资源。教师在引导学生开发和利用这些资源的时候，要指导学生采取适当的学习方式，注意个人的情感体验，获取知识和能力的发展。

⑤在教学的过程中实现三维目标

第一，主体参与的有效化。在教学的过程中，教师要尊重学生的人格，尊重学生的个性差异。要学会赞赏学生，帮助学生树立学习的兴趣。培养学生选择的能力和履行职责的能力，使学生有能力选择学习的内容和学习方法，能够胜任独立学习以及合作学习中自己的任务。教学要与学生的生活世界相联系，激活学生的生活经验，拨动学生的心弦，使学生的学习主体有效地参与学习的过程。

第二，情感态度的个性化。学生是千差万别的学习主体，在具体的学习内容、学习过程、学习场景、学习范畴中，在个人的情感体验上，也会是各不相同。教师要充分尊重学生的这种差异，并注意保护和开发学生独特的个人情感体验，让个性化的情感体验在学生的学习过程中，在教师的指导过程中得到丰富和发展。让学生能够对学习内容的思想感情倾向，能够联系文化背景做出自己的评价。对学习内容中感人的情境和人物形象，能够说出自己的体验。

第三，目标任务的多样化。对每个学生来讲，他们各自的知识结构、人生经历、生活阅历、情感倾向、个性特色、学习习惯和学习方法等都存在差异，这些差异都直接或间接影响到学生学习的效果。所以，教师要能够使课堂教学中要求学生所达到的目标任务多样化。让个人基础不同的学生达到适合自己发展需要的目标要求。这样，学生在达到自己的目标任务的前提下，也都能够享受到学习成功的快乐，才会对学习充满信心，才能更顺利地进行更高层次的学习。

三维目标是相互联系，相互渗透的整体，是一个完整的人在学习活动中实现素质建构的三个侧面。因此，课堂教学应该全面关注三维目标，并将它整合于统一的教学活动过程之中。

（二）教学计划

教学计划（课程计划）是课程设置的整体规划，它规定不同课程类型相互结构的方式，也规定了不同课程在管理学习方式的要求及其所占比例，同时，对学校的教学、生产劳动课外活动等做出全面安排，具体规定了学校应设置的学科、课程开设的顺序及课时分配，并对学期、学年、假期进行划分。

1. 内容

根据一定的教育目的和培养目标制定的教学和教育工作的指导文件。它决定着教学内容总的方向和总的结构，并对有关学校的教学、教育活动，生产劳动和课外活动校外活动等各方面做出全面安排，具体规定一定学校的学科设置、各门学科的教学顺序、教学时数以及各种活动等。教学计划、教学大纲和教科书互相联系，共同反映教学内容。

2. 现状

近年来，特别是在实行学科课程的条件下，教学计划主要是学科的计划，或只是学科表。随着社会经济和科学技术的新发展，教育结构不断发生变革，现代教育和教学理论主张对教学计划的结构实行改革。除了教学以外，生产劳动、科技活动、发展体力和增进健康的活动、艺术活动和社会活动等也应列入教学计划。为了防止学生负担过重，须控制教材的分量和难度，控制教学时数。根据学生的年龄特点与不同学科和活动的特点，也可适当改变每节课均为40分钟（或45、50分钟）的固定课时制，试验活动课时制。

第二章 中小学生心理健康教育的组织管理与途径方法

第一节 中小学生心理健康教育的组织管理

一、中小学生心理健康教育的组织结构

（一）学校心理健康教育的管理模式

目前，学校层面的心理健康教育管理模式主要有六种：教研组模式，教科室模式，德育管理模式，班主任管理模式，独立模式和全面渗透模式。

1. 教研组模式

教研组模式是心理健康教育管理的早期模式，它将心理健康教育教师与政治或其他科目教师的身份合二为一，由政治组或其他学科组直接管理。一种情况是学校抽取对心理健康教育感兴趣的其他科目教师来兼职从事心理健康教育方面的工作；另一种情况是专职的心理教师兼职从事政治、语文或其他学科的教学工作。这一模式可以缓解心理健康教育教师师资不足的困境，但局限于这批教师专业水平较弱且兼任其他学科教师会大大分散精力，另外，将心理健康教师划归某一学科组内管理，都不利于心理健康教育工作的深入开展。

2. 教科室模式

教科室模式将心理健康教育工作和学科组分开，将其置于教科室的管理之下，心理教师成为教科室的一员。此模式将心理健康教育工作提高到一个较高的层面，方便开展心理健康教育的科研活动，但也容易仅仅停留在科研

的层面，忽视了很多实践层面的工作，而心理健康教育工作本质上是一项实践性的工作。

3. 德育管理模式

德育管理模式将心理健康教育工作置于学生处或政教处的管理之下，把心理健康教育工作纳入德育管理的范畴。此模式能促进心理健康教育工作与德育工作的结合，充分调动班主任力量，更加贴近学生，但容易把德育工作和心理健康教育工作相混淆，并且使心理健康教育局限在德育的范围内，无法有效渗透到教学等其他领域中。

4. 班主任管理模式

班主任管理模式不设专职心理教师，心理健康教育工作由德育处管理，直接由班主任来完成，实际上班主任成了兼职的心理教师。此模式可以调动班主任的力量，提高班主任的工作效率，但是班主任工作烦琐且缺乏心理学基础，很多心理健康教育工作最后无法落实。班主任和心理健康教育工作者的身份虽然有联系，但毕竟有较大差异，因此，这种模式的缺点较多。

5. 独立模式

独立模式设置了独立的心理健康教育教研室，并纳入学校整体教学管理之下。此模式侧重心理健康教育课程的实施，使心理健康教育具有与其他学科一样的课程地位，有利于心理健康教师开展课程，解决学生面临的普遍心理问题。但这个模式只注重教学，缺少心理健康教育其他方面如心理咨询、心理测评、学科渗透等工作。

6. 全面渗透模式

全面渗透模式是建立心理健康教育中心，由分管校长直接管理，中心主任由分管校长兼任，副主任由心理健康教育专职教师担任，其他管理人员根据需要配备，服务对象是全体学生、教师、管理者、家长。心理健康教育中心承担着组织和开展全校的心理健康教育、教学活动，为学生进行日常心理咨询与辅导，培训全校教职工和学生家长，并参与学校管理，心理健康教育工作的领域是整个学校。此模式将心理健康教育工作与教学、科研、德育、总务等工作有机地结合起来，有利于心理健康教育工作深入开展和全面渗透。

（二）学校心理健康教育的组织体系

在学校具体从事心理健康教育工作的各级部门包括校长室、教导处、政教处、总务处、心理健康教育中心、家长委员会，这就构成了学校心理健康教育的组织体系。

1. 校长室

校长室是在校长领导下，全面负责学校心理健康教育工作的领导机构。校长室的职责：按照上级教育行政部门的要求和统一部署；在教育科研部门专家的指导下，制定学校心理健康教育工作的发展规划；协调学校各部门之间的联系，确定心理咨询专职人员的合适人选；安排全体教师及专职人员培训进修，提供必要的经费和设备；出席、指导有关心理健康教育的各种会议等。

2. 教导处

教导处是在分管教学校长的领导下，协助心理健康教育中心做好学生心理健康教育工作的主要机构之一。教导处的职责：在校长室的统一安排下，协助及督导各科任课教师做好学科教学活动中渗透心理健康教育工作；配合心理健康教育计划，做好学生心理健康教育课的课时、教材、师资及心理测验的安排；出席有关辅导会议或个案研究会议，提供或保管学生的有关资料。

3. 政教处

政教处是在分管德育校长的领导下，协助心理健康教育中心做好心理健康教育工作的主要机构之一。政教处的职责：在校长室的统一安排下，协助及督导各年级、各班主任做好班级活动中的心理健康教育工作；参与制订学生心理健康教育计划，安排心理健康教育专门活动，对班主任及其他教师进行相关培训，会同心理健康教育中心实施对学生有关心理、行为困扰等问题的调查与处理，会同心理健康教育中心及教导处安排学生的课余活动，会同心理健康教育中心、家长委员会安排家庭访问及举办家长会。

4. 总务处

总务处在分管后勤校长的领导下，协助心理健康教育中心做好教育工作，是心理健康教育工作开展的重要保障，为心理健康教育中心提供必要的支持，提供良好的办公环境和设施，进行活动布置和物资采购，并提供经费支持。

5. 心理健康教育中心

心理健康教育中心是在校长直接领导下，具体负责心理健康教育服务工作的专门机构，由主任、专职教师、兼职教师等组成。心理健康教育中心的主要职责：制订不同年级心理健康教育计划，逐步配齐心理咨询室的硬件设施，包括办公、会谈用的桌椅、相关书籍、档案柜、电脑及心理测评软件等；培训心理咨询人员，组织咨询人员系统学习心理学知识及咨询技巧；协助和指导心理健康教育教师、学科教师和班主任开展各项心理健康教育工作。

6. 家长委员会

家长委员会是受校长室领导的协助学校开展心理健康教育工作的外围机构。主要由家长代表，居民委员会及其他单位负责人组成。家长委员会的职责：在学校的统一安排下，参与学校的心理健康教育工作，协助学校开办家长学校，督促家长转变观念，配合与支持学校心理健康教育工作，协助社区维护学校正常的教学秩序。

二、中小学生心理健康教育的场地建设

（一）心理健康教育中心的称谓

学校心理健康教育中心是学校专门用于开展心理健康教育工作的场所，许多中小学都设置了这样的机构，命名为"心理辅导室"或"心理咨询室"。这样的称谓或许可以体现心理健康教育的专业性，但却让不少小学生和闭锁心理强烈的中学生望而却步。由此可见，心理健康教育中心的命名不

是小事，应该把它提升到校园文化建构的角度来认识。

（二）心理健康教育中心的位置

学校心理健康教育中心选址需要考虑多方面的因素，切忌随意"挤出"一块地方。首先，心理健康教育中心应相对独立并具有一定的隐蔽性，应避开教学区、生活区、运动区、活动区等有许多学生经过的场所，也不适宜选在途中需要经过校领导、班主任、学科教师办公室的位置。但是，心理健康教育中心又不能选在太远、太偏僻的地方，应该方便学生找到。因此，为避免学生因路远、担心被教师或同学发现等影响求助积极性，心理健康教育中心最好选在校史馆、图书馆、卫生医疗室附近，周围的环境应干净、整洁。

（三）心理健康教育中心的功能分区

学校心理健康教育中心的布局应根据实际工作需要来定，一般应考虑个别心理咨询、团体心理辅导、心理测验、教学活动等工作内容。具体来说，较为理想的功能划分应包括以下七个分区。

1. 办公接待区

办公接待区兼具教师办公和接待来访学生两项功能，应设计得温馨、明亮、充满生机，如墙上悬挂一些关于心理健康教育中心的宣传标语、有象征意义的画或手绘心理挂图墙贴（心理格言图，心理双歧图，心理科普图，心理制度图，心理效应图等），备有茶水、杂志，插画书签等供学生翻阅，室内可以摆放一些花草绿植或小学生喜欢的玩偶等。研究表明，轻松、热情的氛围可以降低学生的紧张心理，有助于提高学生对辅导的依从性。

2. 心理咨询区

心理咨询区是心理辅导教师开展个别心理辅导工作的场所，应设在心理健康教育中心相对安静、独立的区域，与办公接待区，团体活动区隔开。心理咨询区应空气流通、光线适中，沙发、茶几摆放应符合人际心理距离。研究证实，理想的座位摆放应该是教师和学生呈90°坐，且保持在1米左右的距离，面对面坐或者并排坐会导致紧张或过分亲密。另外，考虑到中小学生尚未成年，他们的很多问题产生于家庭，为了从根本上解决学生的心理问题，为学生营造良好的生态环境，往往需要会同家长一起进行心理辅导，因此心理健康教育中心也应该有专门的家庭治疗辅导室。一般来说，中小学生的心理辅导中涉及游戏、绘画、角色扮演等形式，因此，心理咨询区配有沙盘、涂鸦板、画笔颜料、心理能量激发卡等辅助工具。

3. 团体活动区

团体辅导是中小学生心理健康教育的主要途径，小学低年级儿童因语言表达能力有限，多采用游戏为主的团体辅导；高年级学生语言发展较为成熟，多采用活动为主的团体辅导。团体辅导一般以小型团体、班级、年级为单位，针对的是群体所面临的共性问题，如自我成长、情绪管理、人际交往、学习管理、意志品质等；所用到的器具包括音乐心理辅导器具、绘画心理辅导器具、戏剧心理辅导器具、书法心理辅导器具、象征性游戏器具等。团体辅导活动氛围轻松活泼，寓教于乐，让学生在游戏中体验心灵成长。一般来说，团体活动区面积应不小于40m²，可以同时容纳30~40人，桌椅应该呈U形摆放，并且可以随意移动。

4. 心理测量区

心理测量区是对学生进行各项心理测验的场所，应配备相应的硬件和软件设备。硬件设备指一定数量的计算机设备和局域网，以及相对独立的测量空间；软件设备包括中小学生心理健康测评系统、心理素质训练系统、智力测评系统、注意力集中能力测评系统等。总之，中小学生心理健康教育中心应根据需要引进相应的测评系统，以便全面搜集学生的各项资料。引进的测评系统应通过相关质量标准认证，有内在的理论架构，而非零散量表堆砌而成；应符合中小学生的特点，尽量用中小学生的语言方式表述；学生完成测评后应立即生成个性化的文字报告，报告应以积极心理学为导向，不仅要包括结果解释，还要有发展建议；测评系统应包括心理健康、品德、情绪、性格类型、兴趣、创造力、学习态度、学习动机、学习方法等人格和能力量表，量表信度和效度符合心理测量学的标准；系统应有基本的数据统计功能，包括描述统计、差异分析、相关分析等。测评的数据可以导出备份，形成心理档案。

5. 放松训练区

放松训练区兼顾情绪宣泄，放松和能力训练两项功能。中小学生在遭遇挫折后不可避免地会产生一些消极情绪，如果不能及时调节、排解这些情绪，就可能发展为某些行为方面的问题，出现反常行为，如侵犯或攻击他人。因此，心理健康教育中心应有情绪宣泄室，里面放置一些人性化设计的宣泄人偶、拳击手套、宣泄棒或者循环播放一些舒缓、轻松的音乐，影片，让学生用理性、科学、健康的方式为情绪找到一个出口。另外，心理健康教育中心不应只注重发现学生的心理问题或智力不足，还应该注重开发学生的潜能和创造力。因此，可以在放松训练区进行一些提高记忆力，快速阅读、感统协调方面的训练，如益智类玩具和系统训练玩具。

6. 心灵阅览区

心灵阅览区是提供心理方面的书籍供学生借阅的场所。该区主要配备偏向心理健康教育主题的各类图书，以及舒适的沙发、座椅，明亮的光线等。学生在心灵阅览区阅读，能感到轻松、快乐。

7. 心理档案区

心理档案区和心灵阅览区宜设置在同一个房间，但学生的心理档案应该保存在带锁的文件柜里，并且有负责档案管理的教师管理钥匙，未经允许不可随意打开、翻阅心理档案。

此外，有些中小学的心理健康教育中心还设有专门的会议室，用于教师开展教学研讨会、督导等。

（四）心理健康教育中心的开放时间和服务对象

心理健康教育中心应该根据专业人员配备情况以及经费状况选择实行定期开放或不定期开放、全天开放或分时段开放。具体来说，以周一到周五来计算，可以开放五天；以上午、下午、晚上来计算，可以选择一个或两个时段开放。当然，设置开放时间还应考虑方便学生，如果设置在学生上课的时间，则可能带来不便。有的学校选择周一到周五每天早上课前一小时、中午时段、下午放学后一小时开放,其他时间只接待特殊、突发来访。一般来说,心理健康教育中心每周开放时间不应少于10个小时,应当有明确的值班制度,并让全校师生知晓值班信息。

中小学的心理健康教育中心主要的服务对象是学生,也接待部分学生家长。

(五)心理健康教育中心的设备

心理健康教育中心的设备包括通用设备、办公家具、软件和硬件设备等,不同的功能分区需要使用不同的设备。

通用设备:办公电脑、传真机、打印机、投影仪、空调、录音设备、电话、挂钟等。

办公家具:桌椅、沙发、茶几、可移动座椅、矮凳、地垫、抱枕、玩偶、期刊架、书架、档案柜等。软件和硬件设备:心理健康测评系统、心理学设备管理系统、心理素质训练系统,心理辅导辅助器具(3D电子沙盘、艺术心理辅导箱、团体心理辅导箱、游戏心理辅导包、放松椅、合理宣泄人、感统玩具、涂鸦板、益智类玩具、哈哈镜),心理学专用仪器(潜能检测仪,注意力集中能力测定仪,河内塔),心理学图书视听资料(心理学图书、杂志,心理学挂图)。

(六)心理健康教育中心的专业制度

心理健康教育中心应有明确的专业制度,如心理健康教育教师行为规范制度,心理辅导值班制度,心理辅导知情同意书,心理辅导报告撰写要求,心理档案管理规定,心理危机学生干预流程等。

心理健康教育教师行为规范制度应包括岗位要求、工作内容、工作目标、绩效考核等内容,是心理健康教育教师的工作指南。科学、规范的行为规范制度,有助于切实提高学校心理健康教育工作的实效性。

心理辅导值班制度是心理健康教育中心公之于众的服务信息,值班教师必须在开放时段在岗工作,切忌空岗或提前离岗。

心理辅导知情同意书应分为家长签署和学生签署,小学低年级的学生必须由家长签署，家长或学生必须明确知晓知情同意书中关于保密、权利、义务等信息。

心理辅导报告撰写要求只记录学生客观描述的行为症状，不建议记录辅导教师的主观臆想、猜测、联想或者辅导教师个人的所思所感等内容。

心理档案管理规定中应明确学生心理健康教育档案的使用目的、使用对象、使用方式及推广程度。

心理危机学生干预流程是指学生处于应激状态下，有自伤或伤人行为时，教师必须采取的干预步骤和处理方式，包括紧急陪护、联系监护人，送医就诊等流程。

三、中小学生心理健康教育的档案建设

在中小学生心理健康教育工作中，搜集学生各方面的资料、建立心理健康教育档案是一项具有很强的科学性、专业性和技术性的工作。具体来说，中小学生心理健康教育工作者必须了解心理健康教育档案的含义、功能，建立心理健康教育档案的原则，确定心理健康教育档案的内容，掌握搜集资料的方法，严格管理和使用心理健康教育档案。

（一）心理健康教育档案的含义

心理健康教育档案是指揭示或反映有关学生心理状态、人格特点等的资料，它包括学生心理发展变化的特点，心理测验的结果，心理咨询过程与效果的记录，参加团体辅导及其他心理健康教育活动的表现等，将这些资料按照一定的程序组织起来，形成学生的心理健康教育档案。它客观、真实地记录了学生心理状态的发展变化，有利于学校有针对性地开展心理健康教育工作。

（二）心理健康教育档案的功能

1. 优化学校心理健康教育工作

通过对学生心理健康教育档案中一手资料的分析，可以了解学生心理与行为的发展状况，为学校心理健康教育工作提供依据。从学生的心理健康教

育档案中，教师可以了解学生的一般情况，如简历、身体健康情况、学业成绩、兴趣爱好、价值观念、能力、态度、动机、情绪特点等；学生的家庭养育环境、班级氛围、人际关系特点等。通过对这些资料进行深入分析，教师能够发现不同年龄段学生的心理发展特点，以及在某个特殊时段容易产生的心理和行为问题。因此，建立心理健康教育档案可以帮助心理健康教育教师开展有针对性、有目的性的活动或心理辅导，从而优化学校心理健康教育工作。

2. 因材施教、提高教育质量

每个学生都是独一无二的个体，存在个体间的差异。从心理健康教育档案中，教师可以深入学生的精神世界，了解每个学生的个性心理特征（如兴趣爱好、能力水平、气质类型、性格特点等）和心理发展过程（如认知、情感和意志力），从而发掘每个学生的优势资源，因材施教，充分发挥学生的内在潜能，提高教育质量。

3. 促进学生心理健康发展

心理健康教育档案记录了每个学生的心理成长轨迹，学生可以通过心理健康教育档案了解自身的心理状态，对自身的情绪发展、行为特点、人际模式等有更多的觉察和认识。例如，中学生正处在自我同一性的形成时期，热衷于探索"我是怎样的一个人""我的未来会是怎样"等问题，想要从周围世界的反馈中确认自己的价值，通过分析自己的心理健康教育档案，可以促进学生完成自我同一性的发展。

4. 形成家校教育合力

中小学生尚未成年，对其的教育需要学校和家庭共同参与，学校必须定期与家庭沟通、反馈学生在校的心理和行为表现。心理健康教育档案可以帮助家长全方位地了解孩子的情况，为家校合作搭起了便利的桥梁，为学校和家长建立信任关系打下了良好基础，有利于化解潜在的阻抗。

（三）建立心理健康教育档案的原则

1. 客观性原则

在建立心理健康教育档案的过程中要尊重学生的客观心理现实，搜集的资料必须符合事实，准确可靠，不添加搜集者的主观臆测和缺乏根据的评论，更不能演绎生造。

2. 系统性原则

在建立心理健康教育档案的过程中要多方位地搜集学生的各种信息，对学生的心理状况进行全面检查和分析。

3. 多样性原则

在建立心理健康教育档案的过程中应根据客观条件和实际需要灵活多样地搜集资料，既要有计划地搜集规定内容的资料，也要发挥教师的专业机智搜集那些偶然性、突发性的资料。

4. 保密性原则

由于心理健康教育档案中有些内容涉及学生的个人隐私，一旦公开可能会伤害学生的自尊心，因此，心理健康教育教师要对学校心理健康教育档案的内容做到绝对保密，不得随意将心理健康教育档案的内容告知他人，尤其是学生不愿意公开的、不利于学生心理健康发展的内容。

（四）心理健康教育档案的内容

学校心理健康教育档案的内容是指能从中揭示或了解学生心理状况、发展特点及心理健康教育活动过程、心理辅导效果等方面的材料。它一般包括学生综合资料、心理测评资料以及心理辅导报告三大部分。

1. 学生综合资料

学生综合资料是指影响学生心理发展的基本资料，主要提供一些背景信息，以帮助教师深入分析学生心理，正确诊断学生心理问题产生的原因，主要包括以下五个方面。

（1）人口学变量

主要包括学生姓名、性别、年龄、年级、班级类型、籍贯、民族、宗教信仰、爱好特长，父母姓名、年龄、职业、婚姻状况、家庭住址。

（2）身体健康状况

主要是指学生身体发育状况和身体健康状况。身体发育状况主要包括身高、体重、肺活量、胸围、心率、脉搏、血压、血型、视力、听力、营养状况、性发育情况、有无生理缺陷等。身体健康状况主要包括当前健康状况和个人病史。

（3）家庭社区环境

主要包括家庭结构，是否独生子女，家庭类型、家庭成员的组成，家庭经济状况，家长的教养方式与态度，家庭成员之间的关系，以及家庭与近邻、亲戚的关系，近邻中有无同辈交往伙伴等。

（4）学校教育环境

主要包括学业成绩、学习兴趣及爱好、学习动机，学习态度、学习习惯等，以及学生体育运动、人际交往、参加社团、获奖等情况。

（5）重大生活事件

主要是指对学生个人生活有影响的重大事件，如家庭成员的死亡，父母离异、人际关系紧张、生活环境的改变、重大的挫折等。

2. 心理测评资料

心理测评资料是指反映学生心理状况和心理特点的资料，一份心理测评报告应记录心理测评的类型、测试时间、场所、测试结果、分析及建议等，主要包括以下五个方面。

（1）智力水平分析及教育建议

主要是指学生的智力水平和智力特点，如学生的言语概括、言语推理，数学概括、数学推理，解决问题的能力水平如何，是否存在智力低下的情况，该如何进行有针对性的智力训练等。可选用的量表有斯坦福–比内量表、韦克斯勒量表、中国比内测验、联合型瑞文测验（CRT）、中小学生团体智力筛选测验等。

（2）人格特征分析及培养建议

主要是指学生的性格类型及特征、气质类型及特征、个性心理及特征，个性心理中有哪些好或不好的品质，应该怎样进行培养等。可选用的量表有艾森克人格问卷（EPQ）、卡特尔16种人格因素问卷（16PF）、儿童14种人格因素问卷（CPQ）、中国中小学生12种性格因素量表（QYL）。

（3）心理健康状况分析及辅导策略

主要是指学生心理健康水平的鉴定，有无心理问题或心理障碍，怎样进行教育或矫治。可选用的量表有症状自评量表（SCL-90）、心理健康诊断测验（MHT）、问题行为早期发现测验（PPCT）、抑郁自评量表（SDS），焦虑自评量表（SAS）、儿童孤独症评定量表（CARS）、自尊量表（SES）等。

（4）学习心理分析及教育对策

主要是指学生的学习态度、学习方法、学习动机、学习意志力，考试心理、学习困难的诊断，学习认知因素分析、学习动力状况分析、学习社会因素分析，怎样优化学生的学习心理等。可选用的量表有学习能力测验，提高学习能力因素诊断测验（FAT）、学习适应性测验（AAT）、学习动机诊断测验（MAAT）、儿童学习困难调查表、考试焦虑自我检查量表等。

（5）职业能力倾向类型分析及指导

主要是指学生的职业兴趣，职业能力的诊断，分析其适合从事哪一类工作，以便为学生做升学就业指导。可选用的量表有斯特朗-坎贝尔兴趣问卷（SCII）、库德职业兴趣调查表（KOIS）、生涯评估量表（CAI）、中学生一般能力倾向成套测验等。

3. 心理辅导报告

心理辅导报告是指对学生产生的各种心理与行为问题所做的心理咨询与辅导的个案记录，主要包括主诉及症状表现、工作诊断，原因分析，咨询时间及次数、咨询方法与过程，咨询效果，追踪记录、咨询或辅导教师的签名等。一份好的心理辅导报告，内容应力求客观，简明、有条理，能让阅读者清楚了解学生的问题和辅导过程，效果。切忌将搜集的资料简单堆砌。

心理辅导报告的撰写没有固定的格式，但通常包括以下内容；学生身份，包括姓名、性别、年龄、学校与班级、籍贯等；问题缘由，包括学生为什么来、初始状态描述等；原因分析与诊断，对搜集的各类资料进行整理、分析和诊断结论等；咨询或辅导过程记录，包括咨询或辅导计划、方法要点，成效分析和结果评定等；追踪调查与小结，包括追踪资料整理、补充措施、得失小结等。

（五）搜集心理健康教育档案资料的方法

建立学校心理健康教育档案的过程中，搜集学生资料的方法主要有观察法、访谈法，问卷法和测验法四种。

1. 观察法

观察法是指有目的、有计划、有系统地观察学生在自然状态下的行为表现，对所观察的事实加以记录和客观的解释，以了解学生的心理和行为特征。

运用观察法搜集资料的优点：首先，观察法可以随时运用于日常的教学过程、课外活动、生活交往的所有方面；其次，观察法是在自然的、不加控制的条件下进行的，被观察对象往往不知道，这使得观察者能够考查学生真实的、自然的心理与行为表现，避免被观察者自我掩饰的倾向；最后，观察法是一种有目的、有计划的活动，观察是根据实际需要、为解决一定问题而进行的。

当然，观察法也有自身的局限：第一，它是依靠人的感官去感知客体，观察到的东西往往具有表面性和偶然性；第二，观察者在对学生进行评价时，可能会受到首因效应、近因效应、晕轮效应、刻板印象等的影响，从而失去准确性；第三，人的内心世界极其复杂，有时内心的情感与需求不容易被观察到，因此完全由观察得来的心理资料是有限的，还需要借助其他测评方法；第四，观察法需要耗费较多的人力、时间，成本较高，不便于大范围的运用。

2. 访谈法

访谈法是指研究者通过与研究对象进行口头交谈的方式来搜集对方的心理和行为特征等资料，分为结构式访谈和非结构式访谈。

运用访谈法搜集资料的优点：首先，访谈法可以灵活、有针对性地搜集学生的资料，可能出现一些研究者事先未预料到的有价值的内容；其次，访谈法使用范围广,可以获得丰富广泛的资料,有利于对学生的各种心理与行为问题进行多层次和多方面的探索,如学生的主观动机、情绪情感和观念等;最后,访谈法搜集到的资料通常具有较高的可靠性。

同样,访谈法也有自身的局限:首先,访谈过程中,访谈对象可能存在的"警戒"心理或不苟言笑的个性特点,使访谈法无法收到应有的效果;其次,访谈结果的准确可靠可能受到研究者自身素质(访谈技巧、主观偏见、价值取向)的影响;最后,访谈法还受到环境,时间和访谈对象情绪状态等的限制。

3. 问卷法

问卷法是指研究者用标准统一,严格设计的问卷对学生进行有针对性的测试,搜集有关研究对象心理和行为特征等的资料。问卷法比观察法和访谈法目的性更强,内容更加详细完整,设计更加精确科学,标准化程度更高。问卷法可以在较短时间以较低的成本搜集大量的数据资料,问卷的结果还可以用计算机进行统计处理,省时省力。但问卷法灵活性较差、指导性低、深入性也不够。

4. 测验法

测验法是对学生的行为进行数字化、标准化的测量。它的关键是根据需要选择合适的测验量表进行测量。在选择合适的测评工具时,首先要选择标准化的测验,其次要明确测验的目的、功用及适用范围。测验法可以了解个体的差异。

(六)心理健康教育档案的管理和使用

1. 管理

(1)明确管理机构

心理健康教育档案应由学校心理健康教育中心负责建立,建档人员不仅要具备心理学、心理测验相关的专业知识,还要懂得一定的档案学知识,如此才能形成真实、全面、丰富、科学性强的一手资料。除此之外,建立的心理健康教育档案还应该由专人负责集中管理,便于查阅和使用。

（2）制定管理条例

心理健康教育档案是给心理健康教育工作者提供教育、训练、辅导、咨询服务的依据，也为鉴别、诊断、建议提供重要信息。因此，心理健康教育档案的使用就只能严格控制在心理健康教育中心，应遵守保密原则，针对心理健康教育档案中的不同内容，应规定其保密类别和保密等级。有些内容涉及学生的个人隐私，未经同意不得公开，也不能作为学生的终身档案放入档案袋内。他人若要调阅学生心理健康教育档案的内容，必须先由心理健康教育教师对档案内容进行加工、重新编制，不得将第一手资料直接呈现给其他人。

为了建立严格、规范、有序的心理健康教育档案管理制度，必须制定相关条款，明确对心理健康教育档案的搜集、整理、借阅、保管等规定。

（3）变革管理形式

传统的心理健康教育档案大多采用纸质资料留存，资料的整理、分类工作复杂低效、容易丢失，也不便于进行教育科学研究。随着科学技术的发展，档案存储的数字化已经成为发展趋势，使用计算机来处理心理健康教育档案，不仅可以提供工作效率，还能保证资料管理的规范与准确，减少失误，档案的更新和补充信息也更加方便。不过，在利用计算机存储数据资料时要注意安全性和保密性，防止无关人员进入系统内部查看相关内容。

2. 使用

心理健康教育档案原则上由心理健康教育教师使用，目的是更好地服务于学校的心理健康教育工作。具体来说，心理健康教育档案能够发挥以下作用。

（1）了解学生群体性的、共性心理和行为特点

可将心理健康教育档案按班级分类，整理，统计、绘制图标，这样某个班级学生在某些特质上的趋势一目了然。将这些信息提供给有关人员，如教导主任，班主任和科任教师，可以避免他们工作的盲目性。如，近期对某班学生进行学习动机诊断测验，结果显示学生普遍对学习缺乏兴趣，甚至有厌

学情绪，访谈中了解到原因可能是数学教师近期布置作业太多，难度太大，学生在完成数学作业时挫败感严重，从而影响了学习的积极性。心理健康教育教师可以将这一情况反馈给数学教师，数学教师应适当调整自己的教学方式，给学生更多鼓励和信心。

（2）分析学生个人的长处和短处，对于一般心理问题防患于未然

可将心理健康教育档案中关于智力、人格特征、心理健康状况、学习心理、职业兴趣等测验结果反馈给学生本人或家长，帮助学生了解自己，增进学生的自我觉察和自我调节能力。对于某些有特殊困难的学生，还可以具体分析问题产生的症结、可以利用的资源，采取解决的办法等。例如，学生多次出现无故旷课行为，学校、家长多方沟通均无效，访谈中了解到学生曾有过被校园霸凌的经历，心理健康教育教师针对此制订了一系列的辅导计划，帮助学生克服了恐惧心理，掌握了一定的自我保护方法，从而避免了问题的进一步恶化。

（3）根据心理健康教育档案提供的信息进行教育管理

心理健康教育档案可以反映出不同年级学生的能力、人格、心理健康方面的总体状态和特点，在进行年级分班和班级分组时，可按能力水平、人格特点等因素进行分班，选拔学生干部，制订教学计划，可以大大提高教育效率。

例如，心理健康教育教师根据档案资料研究每个年级的学生在能力、人格、心理健康方面的总体状况和特点，并将结果汇报给年级主任及各科教师，教师在进行年级分班或班级分组时，可根据这些信息综合考虑；心理健康教育教师研究智力测验分数，发现某班学生的智力水平普遍较低，因此，任课教师在制订教学计划时，应适当减少教学内容，降低难度，并开展多种形式的思维训练。

（4）根据心理健康教育档案的内容进行科学研究

加强心理健康教育的科研工作离不开对学生第一手资料的搜集和整理，将心理健康教育档案提供的资料进行科学研究，把经验上升到理论高度，再

运用到实践中去，可以大大促进和推动学校心理健康教育事业的发展。

四、中小学生心理健康教育教师的专业成长

（一）中小学生心理健康教育教师的工作职责

1. 为学校服务

中小学生心理健康教育教师应对学校教育、教学、日常管理等工作提供参谋、指导和决策。具体表现为参与到学校管理制度的制定工作中，防止出台有损学生心理健康的规章制度或行政措施；参与到教育、教学工作中，帮助学校科学地设置课程、制订教学计划；指导并开展学校心理健康教育活动，营造良好的心理育人氛围。

2. 为学生服务

中小学生心理健康教育教师应根据学生生理、心理发展特点，运用专业技巧培养学生良好的心理素质，促进学生身心和谐、全面发展。在具体工作中应关注个别差异，开展有针对性的、个性化的教育活动，充分满足不同学生的需要；以预防为主开展发展性的心理辅导，以诊断为主开展有针对性的心理测评，以矫治为主开展心理障碍学生的干预治疗。

3. 为教师和家长服务

中小学生心理健康教育教师应对其他教师进行心理辅导业务能力培训，指导其他教师开展班级活动，运用心理辅导原理改进课堂教学，了解学生个性心理特点从而因材施教。中小学生心理健康教育教师还应为家长开设心理专题讲座，心理团体辅导。孩子的问题通常折射出的是家庭关系、家庭养育模式的问题，心理健康教育教师应对家长进行一定的心理教育，帮助家长了解孩子的内心，转变教育理念和方法，促进亲子关系的改善。其实，为教师和家长服务，也是间接地为学生营造更优的心理环境。

由于小学生、初中生和高中生彼此年龄差异较大，发展性的需求各不相同，心理健康教育教师的职责和功能也有一定的差异。以个别辅导为例，小学生语言表达能力有限，通常要借助游戏、木偶、心理剧等辅助工具弥补语

言表达的不足，通过他们在游戏中的表现发现问题所在，决定采取哪些措施解决问题。初中生心理发展比小学生复杂得多，他们的智力发展更成熟，思维过程更复杂，抽象思维更显著，迫切希望得到同伴的接纳和肯定；在对初中生进行个别辅导时不仅需要专业的背景知识，还要对青春期的发展特点有深刻的理解，接纳初中生看待世界的方式。对高中生进行个别辅导依然聚焦于发展性任务，只不过关注的议题主要是教育和职业规划、学业成就、社会认同、自我意识和性别角色认同等方面。

（二）心理健康教育教师的素质要求

1. 一般专业知识和能力

心理健康教育教师应接受过教育心理学、儿童发展心理学、人格心理学、社会心理学、咨询心理学、心理诊断等相关知识的学习或培训，具有扎实的理论知识基础和丰富的实践学习经历；要熟悉中小学生心理发展的特点及行为表现的规律，熟练掌握心理咨询、团体辅导、课程教学心理测评等方面的技能。

良好的沟通协调、组织管理能力。中小学一般只配备1～2名心理健康教育专职教师，其工作却包括心理咨询、团体辅导、课程教学、心理测验、档案管理等多项内容；工作中除了要接触学生，还要接触教师、家长，面对的问题各种各样，因此心理健康教育教师必须具备良好的沟通协调和组织管理能力。

终身学习的信念。中小学生心理健康问题日益严峻，且随着时代的进步不断面临着新的问题。心理健康教育教师要有旺盛的求知欲和好奇心，不断学习，提升自己的专业胜任力，为学生提供更高质量的心理服务。

2. 熟练的专业技能

成为一名合格的心理健康教育教师需要掌握以下八项具体技能。

①良好的学习能力。熟练掌握心理学专业理论知识，并不断学习新知识。

②教学研究能力。在实际工作中对学生心理与行为问题进行实证研究，

并将研究结果运用到工作实践当中。

③心理测评能力。根据学生的需要选择合适的心理测量量表，熟悉各种量表的操作方法，能对结果进行科学解释，并提出指导建议。

④建立心理健康教育档案的能力。采用科学、有效的方法搜集学生的相关信息，并对搜集资料进行定性和定量分析，形成学生心理特征分析报告，放入心理健康教育档案中。

⑤心理健康教育课堂教学能力。成功的课堂教学必须具备三个要素，即合理的教学方案、良好的教学组织能力和流畅的语言表达能力。

⑥个别辅导能力。熟悉心理问题及心理障碍的诊断标准，能准确、及时地判断学生心理问题的类型、严重程度，并制订合理的干预方案。

⑦心理及行为训练能力。熟悉心理及行为训练的原理，指导和矫正学生的不良行为表现，如注意力训练等。

⑧计算机操作及数据分析能力。心理健康教育教师必须熟悉计算机操作系统，且能熟练使用SPSS软件进行数据处理和分析。

3. 稳定的人格特质

人格是指一个人表现出来的独特的行为模式，是人的性格、气质，能力等特征的总和，具有一定的倾向性和稳定性。心理健康教育工作因其特殊性，要求心理健康教育教师自身必须具备良好的心理素质，稳定的人格特质，主要包括以下几个方面。

（1）稳定的情绪

心理健康教育教师也是真实存在的普通人，他们生活中也充斥着喜怒哀乐各种情绪。只不过大多数情况下，一名合格的心理健康教育教师能及时觉察自身的情绪，了解情绪产生的原因，以及情绪背后的需求，进而采用有效的方式调节情绪或合理表达情绪。一个情绪稳定的心理健康教育教师才能更高效地解决学生的问题。

（2）敏锐的自我觉察力

敏锐的自我察觉力是作为一名合格的心理健康教育教师必不可少的品

质，一个人若能时时反思自身的优势和不足，就会对自己有足够的了解和正确的认识，不会盲目自信或妄自菲薄。心理健康教育教师具备敏锐的自我觉察力，有助于在个别辅导和团体辅导中，采取更有效的方式促进学生的自我成长。

（3）尊重、理解、接纳、开放、包容的态度

合格的心理健康教育教师应该给学生一种亦师亦友的感觉，应该站在学生的视角，而不是单纯用大人的眼光来看待学生的心理问题，给予学生更多的尊重、理解和接纳，让学生在师生关系中感到安全、被信任、被欣赏，从而能够逐渐接纳自我。

4. 基本的职业道德及伦理意识

任何一个职业都有其应该遵守的道德规范和伦理法则，心理健康教育工作也不例外。作为一名合格的心理健康教育教师，应具备教书育人的师德和治病救人的医德，还要遵守行业的伦理规范和守则。根据《中国心理学会临床与咨询心理学工作伦理守则》中的规定，应做到善行、责任、诚信、公正、尊重。心理健康教育教师应以学生的利益为第一要务，避免对学生产生心理伤害；应不断提高自身胜任力，为学生提供最高水准的专业服务，并对自己的行为承担责任；应保持诚实和真诚，不欺骗学生的信任和情感；应以公平公正的态度对待学生，避免个人偏见对学生造成不良影响；应尊重每一个人的隐私权和自我决定的权利。

（三）心理健康教育教师的培训

1. 培训方法

在我国心理健康教育教师的培养主要依靠学历教育，高等院校是培养心理健康教育教师的主要阵地。目前，我国中小学生心理健康教育从业者主要是心理学、教育学、社会学、社工等相关专业的本科生，研究生，也有些中小学是由具有二、三级心理咨询师资格证书的，其他学科的教师自愿担任。由此我们可以看出，中小学生心理健康教育从业者的专业背景、从业动机、从业经验等都有较大差距，在具体培训方法上应有所区别。

（1）通过自学、专家讲座、专题培训等学习理论知识

掌握心理学相关学科知识是成为一名合格的心理健康教育教师的必要条件，心理学分支众多，有认知神经心理学、教育心理学、发展心理学、管理心理学、心理咨询、人力资源管理心理学等，理论知识浩瀚如海，但只有不断地学习，掌握更多的理论知识，才能使教师具备心理学头脑，拥有心理学视角。

（2）通过工作经验交流会、教学研讨会、参观考察等积累实践经验

心理健康教育工作是一项实践性很强的工作，光有理论知识还不够，还需要在工作中不断反思，积累经验，学习优秀典型，探索理论和实践之间的融合点。

（3）通过外出培训、同行交流等建立支持性的朋辈学习团体

心理健康教育教师应定期参加省，市或知名研究机构举办的心理健康教育类培训课程，或者邀请专家来校内给全校教师做相关的专题培训。培训的目的不仅在于学习知识，它还为心理健康教育教师提供了一个很好的交流学习的平台，为构建朋辈学习团体打下了良好的基础，让心理健康教育教师不再感觉自己是"孤军作战"。

2. 培训内容

心理健康教育教师的培训内容包括理论学习，技能学习和人格培养三个方面。

①理论学习的内容有普通心理学、教育心理学、社会心理学、儿童发展心理学、儿童异常心理、心理测量与统计、个别与团体辅导等知识。

②技能学习包括个别辅导中的谈话技巧，倾听、同感、理解、接纳的能力，利用沙盘、图画、游戏等发现问题的能力，撰写个案报告的能力，组织心理健康教育课程教学的能力，对心理测验量表进行具体分析并提供建议的能力，对问题学生进行危机干预的能力等。

③心理健康教育教师自身心理素质和人格魅力的提升也非常重要。当然，这有赖于心理健康教育教师自身的不断学习、充分的自我觉察力和强烈

的改变意愿，不是一蹴而就的事情。心理健康教育教师应注重自我关照，保持良好的生活习惯和轻松、愉快的生活节奏，必要时要及时寻求督导或心理咨询。

（四）心理健康教育教师的管理

1. 营造更好的外部环境

①学校层面应该根据学生和心理教师的人数比例，配备充足的专职教师，并建立一支高素质的兼职心理教师队伍，适当减轻心理专职教师的工作量。

②学校应给予心理教师更多的工作灵活性和自主权，让心理教师能够以学生为本，真正从学生的利益出发，为学生提供更高质量的心理帮助。

③考虑到心理健康教育的特殊性，学校应该给予心理教师更多的培训机会，使心理教师不断学习，提高自身的业务能力。

2. 制定合理的职业发展路径

①心理教师的职称评定与其他学科教师应有所区别，应根据心理教师日常工作的内容制定合理的评定标准。例如个别辅导，团体辅导应该折算成课时，在职称评定时核定为教学工作量。

②心理教师的职称评定、待遇和晋升应该单独列出来，避免与学科教师竞争。目前来看，一般学校的心理教师职称评定归为"德育教师"，而没有开设专门的心理教师专业职称评定，这严重影响了心理教师的工作积极性。

五、中小学生心理健康教育的绩效评估

中小学生心理健康教育绩效评估是学校心理健康教育实践过程中非常薄弱又非常重要的一环，评估一般由上级单位或上级部门执行，对学校心理健康教育工作过程，成效等要素进行考核并提出整改方案。它对于调整学校心理健康教育目标，改进学校心理健康教育工作方法和策略、完善学校心理健康教育体系都发挥着重要的作用。

（一）心理健康教育绩效评估的含义

心理健康教育绩效评估是指根据具体的教育目标制定指标体系和判断标准，通过系统地收集有关信息，遵循合理的评估原则，运用专门的评估方法，对学校心理健康教育要素、过程和成效进行绩效评估的活动。它是中小学生心理健康教育总体规划中的重要组成部分。

（二）心理健康教育绩效评估的功能

第一，心理健康教育的绩效评估就像一根"指挥棒"，具体的指标体系和评估标准为中小学生心理健康教育工作指明了方向，绘制了蓝图，能正确引导学校心理健康教育朝预定的目标发展，最终促进教育目标的实现。

第二，心理健康教育的绩效评估能够发现中小学生心理健康教育工作中存在的问题，区分实际工作与标准化建设要求之间的优劣及差距，便于及时调整和改进工作方法，提高中小学生心理健康教育工作的质量。

第三，对一所学校而言，上级部门对学校心理健康教育工作进行考核和绩效评估，评估结果往往会影响学校的整体形象、荣誉和利益等，从而激发学校领导对心理健康教育工作的重视。对心理健康教育教师而言，绩效评估可能直接与奖惩利益等挂钩，从而激励他们更好地工作。

（三）中小学生心理健康教育绩效评估的内容

中小学生心理健康教育绩效评估应该是中小学生心理健康教育内容和目标的有效反映，同时又必须通过具体的、可观测的、定性或定量指标体系来实现。具体来说，中小学生心理健康教育绩效评估的内容应包括以下几个方面。

1. 心理健康教育的师资力量

心理健康教育教师的资质及比例。心理健康教育教师的资质分为形式资质和内容资质两部分，前者主要指是否获得一定的学历学位，是否具备教育学、心理学等学科背景，是否获得相关的职业资格证书等；后者则是指是否具备良好的教学能力，掌握心理测量、心理咨询、心理辅导等技术，是否熟悉观察法、调查法、访谈法、个案研究法等方法，是否具备倾听、共情、理解、接纳等咨询技巧，是否具备及时发现并正确处理学生问题的能力。比例指学校心理健康教育教师和学生总数的比例。在我国，比较理想的情况是规模较大的中小学（大于2000人），配备有2~4名心理健康教育教师，规模较小的中小学（小于2000人），配备有1~2名心理健康教育教师。

心理健康教育专职教师的专业发展。目前，我国中小学的心理健康教育教师要么是教育学、心理学、社工等相关专业的本科生或研究生，具备一定的专业知识；要么是学校选派的其他学科教师，接受心理学系统培训后担任。心理健康教育教师必须保持终身学习的信念，不断提升自身的助人能力，因此，心理健康教育教师必须要参加专业培训和督导等继续教育学习活动。

2. 心理健康教育的内容

根据小学低年级、中高年级、初中阶段和高中阶段等不同的阶段，确定各自侧重的心理健康教育内容。

小学低年级：帮助学生适应新的环境、新的集体，新的学习生活与感受学习知识的乐趣；乐于与教师、同学交往，在谦让、友善的交往中体验友情。

小学中高年级：帮助学生在学习生活中品尝解决困难的快乐，调整学习心态，提高学习兴趣与自信心，正确对待自己的学习成绩，克服厌学心理，体验学习成功的乐趣，培养面临毕业升学的进取态度；培养集体意识，在班级活动中，善于与更多的同学交往，培养健全开朗、合群、乐学、自立的健康人格，提高自主自动参与活动的能力。

初中年级：帮助学生适应中学的学习环境和学习要求，培养正确的学习观念，发展其学习能力，改善学习方法；把握升学选择的方向；了解自己，学会克服青春期的烦恼，逐步学会调节和控制自己的情绪，抑制自己的冲动行为；加强自我认识，客观地评价自己，积极与同学、教师和家长进行有效的沟通；逐步适应生活和社会的各种变化，培养对挫折的耐受能力。

高中年级：帮助学生具有适应高中学习环境的能力，发展创造性思维，充分开发学习的潜能,在克服困难取得成绩的学习生活中获得情感体验;在了解自己的能力、特长、兴趣和社会就业条件的基础上,确立自己的职业志向,进行职业的选择和准备;正确认识自己的人际关系状况,正确对待和异性伙伴的交往,建立对他人的积极情感反应和体验;提高承受挫折和应对挫折的能力,形成良好的意志品质。

3. 心理健康教育的场所

评估心理健康教育中心的场地建设,主要包括是否配有办公接待区、心理咨询区、团体活动区、心理测量区、心理档案区、心灵阅览区、放松训练区等。每个分区的面积大小是否合理,装修布局是否符合环境心理学的研究,例如色彩明亮、光线柔和、隔音效果等;是否配有开展心理健康教育工作所需的软件和硬件设备,例如办公家具、通用设备、沙盘游戏治疗器具,团体辅导辅助器具、心理学书籍、心理测评系统、各类心理测量量表等。

4. 心理健康教育的教学质量

中小学生心理健康教育课程是集知识传授、心理体验和技能训练为一体的综合课程。首先,要求各年级、各阶段学生接受心理健康教育的内容制订合理的教学计划。其次,应采用理论与体验教学相结合,知识讲授与能力训练相结合的教学方法,利用角色扮演、情境演示、心理测试、团体活动等充分调动学生的积极性,避免单向灌输知识。最后,课堂上学习的心理健康知识应内化为学生个人的信念和态度,并能指导学生的日常生活实践。对心理健康教育教学质量的考核可以从课堂氛围(学生参与度)、学生满意度、同行听课反馈、学生的心理健康状况等方面进行评估。

5. 档案资料的管理

对于少数有心理困扰或者心理障碍的中小学生,心理健康教育教师应制订有针对性的心理辅导计划,并详细记录所采用的干预方法、干预过程,以及最后获得的干预效果。另外,心理健康教育中心应根据学校的实际情况以及学生的心理需要,建立学生的心理健康教育档案,并对档案实行科学、规范的管理。因此,此项考核的标准为学校心理健康教育中心是否有科学、规范的心理咨询、适合的团体辅导专业制度，是否对学生进行能力、人格、心理健康状况等方面的心理测评，心理测评的结果是否反馈给学生，是否对测评结果进行合理分析并指导学校下一步的心理健康教育工作，是否制定了规范的心理健康教育档案管理和使用制度等。

6. 心理健康教育的组织机构

中小学校设置心理健康教育的组织机构，是为了更好地调动学校的人、财、物、时空和信息等资源，保证心理健康教育工作有序开展，是实现心理健康教育目标的基本前提。重点考察中小学校是否成立了以分管校领导为组长的心理健康教育领导小组，是否定期召开会议商讨心理健康教育相关工作，领导对心理健康教育工作是否重视，是否支持心理健康教育工作的经费投入，是否支持心理健康教育教师的专业发展等。

（四）中小学生心理健康教育绩效评估的指标

中小学生心理健康教育绩效评估的指标由评估内容分解而来，学校应成立专门的心理健康教育绩效评估小组，根据实际情况，结合学生特点设计评估指标体系。具体包括以下步骤：

1. 初步拟定评估指标

综合采用因素分析法、理论推演法、头脑风暴法等尽可能全面、详尽地列出指标项。

2. 筛选指标

将初步拟定的指标制作成问卷形式发放给每个专家，专家根据指标是否能够直接观察、可测量，指标是否恰当地体现了心理健康教育的目标和内容等，对指标的信度和效度进行评估，并对每项指标的重要程度进行等级排序。

3. 整理、分析每项指标

根据专家对每项指标的评定等级，统计每项指标留舍意见的人数百分比，决定保留或舍去哪些指标。

4. 对指标进行分解，确定二级指标和三级指标

例如，针对学校开展的学习心理团体辅导活动进行绩效评估，目的是对该活动从组织到实施的过程进行评估，找出优势和不足，评估活动方案是否不适合学生，活动形式是否趣味性不强，活动时间是否过长等，从而促进教师不断改进活动方案、创新活动形式。因此，可以将活动方案，活动形式、活动成效作为一级指标，对这三个一级指标进行分解，形成二级指标，如活动方案可细化为活动导入、游戏活动、思考和分享等。如有必要还可以对二级指标进行再分解，形成三级指标，通过对指标体系的层层分解，就形成了整个评估系统的指标体系。

5. 对每项指标赋予权重

哪方面赋予的权重大，说明这方面的工作越重要。以学习心理团体辅导活动为例，活动方案的权重应大些，定为40%，活动形式和活动成效各占30%，对二级、三级指标也可以进行权重分解；最后，确定每项指标的评定标准，并对标准做出具体的阐述，每个指标设定优（≥90分）、良（90>良≥80分）、中（80>中≥70分）、及格（70>及格≥60分），差（<60分）五个等级，对每个等级的标准做出具体规定：评为"优"的标准可定为"活动方案契合主题、完整细致、操作性强、游戏内容符合中小学生心理发展特点"，评为"良"的标准为"活动方案较契合主题，内容层层递进、有一定的可操作性"，评为"中"的标准为"活动方案基本契合主题，内容完整"，评为"及格"的标准为"活动方案与主题有一定关联，内容基本完整"，评为"差"的标准为"内容与主题无关联，零散堆砌，很难操作等"。

一般来说，对外在形式和条件，如场地、设备、经费，心理健康教育教师的专业资质等进行评估，比较容易做到客观和准确，但对心理健康教育教学质量，心理咨询或辅导质量的评估，则往往相对复杂和困难。一方面，多数教育评价工作都有时间限制，要在短短几天内真正了解教育的效果实为不易，往往只能从汇报及资料记录中寻找有限的信息；另一方面，由于学生的

心理发展除了受到学校的影响外，还有另一个重要的影响因素是家庭，因此学生心理问题的疏导多数时候需要家长的配合与协助，如果家长不肯合作，心理健康教育教师即使已经付出了全部的努力，也很可能事倍功半。因此，对心理咨询或辅导质量的评估，不但要评估结果还要评估过程，例如评估教师发现并处理学生问题的过程，在心理咨询或辅导中学生的感受、想法，以后再出现类似情况愿不愿意再找心理教师帮助等。

（五）中小学生心理健康教育绩效评估的实施

心理健康教育绩效评估的实施是指上级单位或部门建立专门的绩效评估小组，根据具体的绩效评估方案所确定的指标体系，采用听取汇报、实地考察、问卷调查、集中访谈等方式搜集资料，整理评估信息，形成评估结果的过程。实施过程包括预评估、正式评估、评估结果与反馈等。

1. 预评估

在正式评估之前最好先进行预评估，以便了解具体实施过程中可能存在的问题，进一步完善评估方案，提高评估质量。

2. 正式评估

正式评估是实施阶段的一个重要环节，一般来说正式评估包括以下几个步骤。

（1）搜集评估资料

评估资料是进行评估工作的基础，资料搜集得越充分评估越准确。搜集资料的形式包括听取汇报、查阅档案、实地考察、座谈讨论、随机问卷调查、考查测验等。

（2）整理评估资料

将搜集的信息进行分类整理及保存，以便使用。整理评估资料的方法包括归类、审核、按编号建档等。

（3）处理评估资料

处理评估资料包括定量和定性两种方法，前者是指运用数字或者统计学方法，对各指标体系呈现出来的特征进行量化分析，后者是指运用质性研究的方法对搜集到的资料进行定性的整理。处理评估资料的过程中可能会产生一些误差，要求评估人员接受相关评估训练，以实事求是的态度和丰富的专业知识来处理评估资料，避免自身主观性导致的误差。

3. 评估结果与反馈

评估结果与反馈是绩效评估的最后一个阶段，要求评估人员将实施阶段所得到的资料、数据的处理结果形成评估报告，注明评估背景、评估方案、评估结果及原因分析、建议与整改方案。评估结果可作为教师改进工作方法、学校完善心理健康教育工作的指南，学校应根据反馈建议积极整改。

第二节 中小学生心理健康教育的途径和方法

一、中小学生心理咨询的技术

（一）基本理念

咨询理念是咨询师秉持的信念和态度。咨询师所持有的信念和态度对当事人很重要，不仅会影响心理咨询过程中建立良好的咨询关系，更会影响咨询结果。不同的咨询师有不同的咨询理念，但在咨询过程中咨询师都要保持一些基本理念：尊重、温暖、真诚、共情、积极关注。

1. 尊重

尊重，指的是在价值、尊严、人格等方面与当事人平等，把当事人作为有思想感情、内心体验、生活追求和独特性与自主性的活生生的人去对待，应当体现为对当事人现状、价值观、人格和权益的接纳、关注和爱护。比如，在咨询过程中咨询师东张西望，一会儿玩手机，一会儿有小动作，都是不尊重当事人的表现。

2. 温暖

温暖，是心灵的一种拥有，存在于每个人心中。在温暖中，人不会迷失。温暖与否，因人而异。在咨询过程中，为了建立当事人与咨询师之间的信任，给对方传递温暖是十分有必要的。若当事人是中小学生，则更应该如此。

3. 真诚

心理咨询中的真诚是指在咨询过程中咨询师以"真正的我"出现，没有防御式伪装，不把自己藏在专业角色后面，不戴假面具，不是在扮演角色或例行公事，而是表里一致、真实可信地置身于与当事人的关系之中。例如，在咨询过程中咨询师如果因为当事人和自己的孩子有类似的表现，就反移情表现出极大的情绪，此时咨询师需要如实地告诉当事人自己目前正在经历此类事件，不能够很好地提供帮助，如果当事人同意可以将其转介给他人。

4. 共情

共情也称为同理心。不管是人性观还是心理失调的理论及治疗方法似乎都极为对立的两个理论流派，却在对共情的理解和应用上逐步趋于一致。共情为现代精神分析与人本主义的融合搭起了一座桥梁。共情的目的是咨询师通过将接收到的来自当事人的信息中深层次的含义反馈给当事人的方式，向当事人传达他正在听着、感受着，并懂得当事人叙述中的核心意思。

5. 积极关注

积极关注是指在心理咨询过程中对当事人的言语和行为的积极面予以关注，从而使当事人拥有正向价值观。积极关注涉及对人的基本认识和基本情感。凡是心理咨询工作，首先必须抱有一种信念：当事人是可以改变的。

（二）参与性技术

心理咨询不是单方的，而是当事人和咨询师双方互动的过程，咨询师在咨询过程中除了遵循基本理念以外，还要参与到咨询过程中，参与性技术包括倾听、询问、具体化、鼓励、重复、内容反应和情感反应、参与性概述和非言语行为的理解与把握。

1. 倾听

"听"强调的是用心、用耳。所以倾听是在接纳的基础上，积极地听，认真地听，关注地听，并在倾听时适度参与。倾听是个体心理咨询的参与性技术之一，倾听具有非常重要的作用：

①倾听是心理咨询的第一步，是建立良好咨询关系的基本要求；

②倾听可以表达对当事人的尊重；

③倾听能使当事人在比较宽松和信任的氛围中诉说自己的烦恼；

④倾听本身就具有助人的效果。

倾听要求咨询师以机警和共情的态度深入当事人的感受中去，细心地注意当事人的言行，注意对方如何表达问题，如何谈论自己及与他人的关系，以及如何对所遇问题做出反应。还要注意当事人在叙述时的犹豫停顿、语调变化以及伴随言语所呈现出的各种表情、姿势、动作等，从而对其言语做出更完整的判断。

2. 提问

提问有开放式提问和封闭式提问两种，封闭式提问经常采用"对不对""要不要""这个还是那个"等表述。在引出当事人较长的回应，协助当事人详细地了解个体自身经历时，经常会使用开放式提问，开放式提问经常采用"怎么""为什么""什么"等开头。在具体操作过程中要注意以下问题。

（1）提问方式的选择

提问是为了获得信息，具体的提问对于诊断性面谈是非常重要的。当咨询师想获取大量信息时应采用开放式提问，而当咨询师想确定某个信息的准确性时应采用封闭式提问。

（2）提问内容的把握

在心理咨询的过程中，咨询师的提问要保持价值中立，要避免采用价值判断的方式进行提问，避免引起当事人的反感。

（3）提问用语的使用

提问所使用的语句要简洁易懂，要切合当事人的身份和文化程度，避免使用医学或心理学术语。同时，一次最好只提一个问题，避免问题太多给当事人造成精神压力，从而产生负面影响。

（4）提问时机的掌握

不同时机使用不同形式的提问会起到不同的效果。封闭式和开放式的提问技巧要在准确的时机进行应用，才能起到最佳的咨询效果。

（5）消极因素的控制

提问可以产生许多积极影响，但是其消极因素也不容忽视。如果在咨询中只强调了咨询师认为重要和有趣的内容，那么当事人可能会觉得自己的观点不重要从而降低参与度，严重的甚至会造成当事人的反感。优秀的咨询师会在最后补充一句"还有什么我们没有谈到的地方"之类的话来降低消极因素产生的影响，但更好的做法还是适时适量地进行提问。

3. 具体化

具体化也可称之为具体性，它是指咨询师帮助当事人清楚、准确地表述自己所持有的观点、所用的概念，所体验到的情感以及所经历的事件，澄清那些重要的、具体的事实。例如有的当事人感觉不适，但是又无法用准确的语言文字将自己的感受表达出来，这时就需要将问题具体化，让当事人可以清楚地知道问题所在，从而找寻解决方案。

4. 鼓励

鼓励亦称鼓励技术，是个体心理咨询的参与性技术之一，是指咨询师在咨询过程中通过语言等对当事人进行鼓励，鼓励其进行自我探索和改变。鼓励技术具体可以表现为直接地重复当事人的话，或仅以某些词语如"嗯""讲下去""还有吗"等来强化当事人叙述的内容并鼓励其进一步讲下去。特别是对于青少年而言，适当的鼓励可以带来更好的咨询效果。

5. 重复

重复亦称重复技术，是个体心理咨询的参与性技术之一，是指咨询师直接重复当事人刚刚所陈述的某句话，引起当事人对自己某句话的重视或注意，以明确当事人要表达的内容。该技术只在当事人的表达出现疑问、不合理、与常理不符等情况时使用，若当事人的表达是明确的、清楚的，就没有必要再使用该技术，过多使用可能会使当事人误解。

6. 内容反应和情感反应

内容反应和情感反应可归纳为心理咨询参与性技术中的反应技术。内容反应和情感反应是咨询师把当事人的主要言谈、思想、情感，加以综合整理后，再反馈给当事人，使当事人有机会再次剖析自己的困扰，重新组合那些零散的事件和关系，深化谈话的内容。反应过程中应注意以下几点：

①反应技术反映的是当事人所表达的主要思想和情感；

②情感反应要求准确反应当事人的感受；

③内容反应和情感反应往往结合在一起使用。

7. 参与性概述和非言语行为的理解与把握

参与性概述和非言语行为的理解与把握均为个体心理咨询的参与性技术之一。参与性概述指的是咨询师把当事人的言语、非言语以及情感内容整合之后，将其对当事人完整地表达出来，相当于内容反应和情感反应的整合。非言语行为能提供许多言语不能直接提供的信息，包括当事人想要回避、隐藏、作假的内容，咨询师可以由非言语行为更全面地了解当事人的心理活动，也可以更好地表达自己对当事人的支持和理解。需要注意的是，咨询师为了展示自己观察力的敏锐而轻易表露出自己的看法，这种行为是不妥的，即使判断正确，也需要以委婉的方式进行引导，否则会给当事人带来心理上的压力和不安。

（三）影响性技术

在心理咨询过程中需要对当事人实施干预，这时常用到影响性技术。影响性技术与参与性技术的不同在于，参与性技术多用于了解当事人问题时，在摄入性会谈中采用；而影响性技术则是在咨询过程中对当事人进行咨询干预时采用。

1. 挑战

挑战是指出当事人适应不良的信念和想法、不一致之处，或指出当事人并未意识到或不愿意改变的矛盾之处，当咨询师使用挑战技术时，它促使当事人意识到自己适应不良的问题、想法、感受和行为。适应不良的信念和想法非常重要，因为它们会影响感受和行为，如果当事人能够意识到适应不良的信念和想法，就可以考虑是否要改变，不一致和矛盾也很重要，因为它们常常是尚未解决的问题、尚未处理的情绪，又或者是压抑的标志，这些不一致，往往是由于当事人没有有效地解决而又不断涌现的情绪产生的，通过挑战这些不一致，咨询师有机会把两个事物放在一起比较，使当事人能够清楚地意识到不一致的矛盾，从而理解不一致产生的原因。在咨询的过程中要关注以下几种不一致。

第一，两种口头陈述间的矛盾。例如，"你说他很好，你很喜欢，但是随后你又说觉得他很讨厌。"

第二，言语和行为间的矛盾。例如，"你说你想要获得一个好分数，但是，你大部分时间都没有好好学习，而是在睡觉和聚会。"

第三，两种行为之间的矛盾。例如，"你说你很高兴，但是你的眉头却紧紧锁在一起。"

第四，两种情绪之间的矛盾。例如，"你说你对你的姐姐很生气，但你却表现出高兴的样子。"

第五，价值观和行为之间的矛盾。例如，"你说你尊重别人的选择，但事后你又试图说服爸爸妈妈不要离婚。"

第六，个体自我知觉和经验之间的矛盾。例如，"你说你觉得老师认为你一点优点都没有，但之前你分明跟我说过，你的老师在课堂上曾经表扬你，并且让全班同学向你学习。"

第七，个人理想自我和现实自我之间的矛盾。例如，"你说你想实现目标，但却又说自己达不到。"

第八，当事人和咨询师观点之间的矛盾。例如，"你认为你学习不努力，我觉得你已经做得很好了。"

挑战技术已日益成为心理咨询与辅导的核心部分，它促使当事人发现自身言行中种种自我挫败的表现，并努力加以克服。其意义不在于否定对方、贬低对方、教训对方，而在于启发对方、激励对方，使当事人学会辩证地看待当前所面临的问题。

2. 内容表达

内容表达是指咨询师传递信息、提出建议、提供忠告、给予保证、进行褒贬和反馈等。其实咨询过程中各项影响性技术都离不开内容表达，都是通过内容表达起作用。广而言之，指导、解释、自我开放等都是一种内容表达。内容表达和内容反应的区别是，前者是咨询师表达自己的意见，后者是咨询师反映当事人的意见。相比之下，内容表达中咨询师对当事人造成的影响会更加隐蔽、间接、薄弱。

3. 解释

解释是在观察的基础上结合自己合理的思考说明事物变化的原因。解释不一定是事实，而是解释者利用已有的认知进行合理思考说明的结果。心理咨询中，解释是咨询师对当事人提出的疑问或者症状的关键部分的客观说明。解释其实是在咨询师的参考框架下，运用心理学的理论和人生经验，提供给当事人一种认识自身问题以及自身所处环境的理论和方法。咨询师透过问题的表面看出实质，并对问题做出深刻而系统的分析。解释要求客观性和纠正性，过于主观的解释可能会误导当事人，甚至给当事人带来不适。

4. 指导

指导即咨询师直接指示当事人以某种方式行动，这是对当事人影响最明显的一种咨询技术。使用指导技术时，咨询师应十分明确自己对当事人指导些什么以及效果怎样，叙述应清楚，要让当事人真正理解指导的内容。同时不能以权威的身份出现，强迫当事人执行，若当事人不理解、不接受，效果就会不明显甚至无效，还可能引起反感。同时也要注意避免代替当事人做决定，以免久而久之使当事人产生依赖心理。但是，在当事人极度缺乏自信，且咨询师和当事人有着良好的咨询关系的情况下，指导技术是完全可以使用的。

5. 自我开放

自我开放亦称自我暴露、自我表露，指咨询师提出自己的情感、思想、经验与当事人共同分享，或开放对当事人的态度、评价等。它与情感表达和内容表达十分相似，是两者的一种特殊组合。自我开放在面谈中十分重要。咨询师的自我开放与当事人的自我开放有同等价值，它可以建立并且促进咨询关系，能使当事人感到有人分担了他的困扰，感受到咨询师是一个普通的人，借助于咨询师的自我开放来实现当事人更多的自我开放。

自我开放需建立在一定的咨询关系上，有一定的会谈背景。自我开放应以有助于促进咨询关系，促进当事人进一步自我开放和深入地了解自己，加强咨询效果为准则。自我开放有两种形式，第一种是咨询师把自己对当事人的体验感受告诉对方，若感受是积极的、正面的、赞扬性的，则为正信息，它能使当事人得到正强化，使当事人愉悦和受到鼓励（"对于你的坦荡，我很高兴"），但传达的正信息须是实际的、适度的、真诚的，不然会适得其反；若感受是消极的、反面的、批评性的，则为负信息，它可能会产生副作用（"你今天已经是第三次迟到了，我很不高兴，你愿意告诉我发生了什么吗"）。第二种是咨询师暴露与当事人所谈内容有关的个人经验，这种自我开放应比较简洁，因为目的不在于谈论自己，而在于借自我开放来表明自己理解并愿意分担当事人的情绪，促进其更多地自我开放。咨询师的自我开放不是目的而是手段，应始终把重点放在当事人身上。

6. 情感表达

情感表达是指咨询师向当事人告知自己的情绪、情感活动状况。咨询师的情感表达可以是针对当事人，例如，"我觉得你很坦荡"，也可以是针对自己，例如，"我很抱歉刚才没有听清楚你的话，你能再说一次吗？"还可以针对其他的事物，例如，"我这个人喜欢看书"。正确使用情感表达，既能体现对当事人设身处地的反应，又能传达自己的感受，使当事人感受到一个活生生的咨询师形象，了解咨询师的人生观。同时，咨询师的这种开放的情绪分担方式为当事人做出了示范，易于促进当事人的自我表达。咨询师做出情感表达，其目的是为当事人服务，而不是为表达而表达。

情感表达可以是咨询师真实的经验，例如，"在那种情况下，我会觉得很难过。"也可以是假设,例如,"如果换作是我的话,在那种情况下我会觉得很难过。"还可以是当事人说到某一些话时咨询师自己的感受,例如,"听到你刚才说的,我感到很难过。"情感表达要尊重当事人自我感受,避免把自己的感受强加给当事人。

二、中小学生心理健康教育的课程建设

(一)课程性质

中小学生正处于身心发展的重要时期,随着生理心理的发育和发展、社会阅历的扩展及思维方式的变化,特别是面对社会的竞争压力,他们容易在学习生活、人际交往、自我意识,升学就业等方面遇到各种心理困惑和问题,影响德、智、体诸方面的发展。在这种情形下,开展中小学生心理健康教育是社会和时代发展的需要,也是实施素质教育、促进学生全面发展的需要。

心理健康教育是基础教育阶段的必修课程。要遵循不同年龄段学生身心发展的规律,有针对性地实施教育,面向全体学生,通过普遍开展教育活动,使学生心理素质逐步得到提高,促进学生人格的健全发展。心理健康教育的课程学习,既是学生通过学习逐步掌握心理健康保健常识,形成健康心理素质的过程;又是他们不断开发自我潜能,提高心理健康水平的过程。

(二)基本理念

1. 面向全体学生,实施心理健康教育

心理健康教育课程要面向全体学生,通过心理健康教育课程的实施,使学生对心理健康教育有积极的认识。全体教师都要树立心理健康教育意识,尊重学生,平等对待学生,注重教育方式方法,同时关注个别差异,根据不同学生的需要开展多种形式的有针对性的教育和辅导,提高他们的心理健康水平。

2. 以学生为主体,启发和调动学生的积极性

学生身心的和谐发展是心理健康教育课程的出发点和归宿。要尊重学

生，以学生为主体，充分启发和调动学生的积极性。要把教师在心理健康教育中的科学辅导与学生对心理健康教育的主动参与有机结合起来。

在教师的教育指导下，充分发挥和调动学生的主体性，引导学生积极主动地关注自身心理健康，培养学生自主自助维护自身心理健康的意识和能力。

3. 采用活动途径，倡导体验参与

《心理健康教育课程标准》倡导活动型为主的教学模式，教师通过创设情境、活动体验，帮助学生澄清问题，找到自我解决问题的最佳方法，以提高学生心理品质。

要根据学生身心发展的规律和特点及心理健康教育的规律，科学开展心理健康教育，注重心理健康教育的实践性与实效性，切实提高学生心理素质和心理健康水平。

要立足教育和发展，培养学生积极心理品质，挖掘他们的心理潜能，注重预防和解决发展过程中的心理行为问题，在应急和突发事件中及时进行危机干预。

（三）设计思路

《心理健康教育课程标准》的确立是依据不同年龄段学生的生理和心理发展的需求和特点确定的。

1. 指导思想

教育部《中小学心理健康教育指导纲要》指出，开展中小学心理健康教育工作，必须高举中国特色社会主义伟大旗帜，以邓小平理论、"三个代表"重要思想和邓小平理论、"三个代表"重要思想和科学发展观为指导，学习践行社会主义核心价值体系，贯彻党的教育方针，坚持立德树人、育人为本，注重学生心理和谐健康，加强人文关怀和心理疏导，根据中小学生生理、心理发展特点和规律，把握不同年龄阶段学生的心理发展任务，运用心理健康教育的知识理论和方法技能，培养中小学生良好的心理素质，促进其身心全面和谐发展。

2. 学段划分

心理健康教育课程应从不同的地区实际和不同年龄阶段学生的身心发展特点出发，做到循序渐进，设置分段的具体教育内容，将九年的学习时间划分为四个学段：第一学段（1~2年级）、第二学段（3~4年级）、第三学段（5~6年级）第四学段（7~9年级）。

3. 目标和任务

心理健康教育的课程目标分为总目标、具体目标、学段目标和阶段目标，从自我认知、学习能力、人际交往、情绪调试和社会适应五个方面加以阐述。通过九年的心理健康教育课程学习后，学生的心理健康水平将从常识水平上升到意识水平，最后达到行为水平。

心理健康教育课程的主要任务：全面推进素质教育，增强学校德育工作的针对性、实效性和吸引力，开发学生的心理潜能，提高学生的心理健康水平，促进学生形成健康的心理素质，减少和避免各种不利因素对学生心理健康的影响，培养身心健康、具有社会责任感、创新精神和实践能力的德智体美劳全面发展的社会主义建设者和接班人。

4. 课程内容

心理健康教育的课程内容包括普及心理健康知识，树立心理健康意识，了解心理调节方法，认识心理异常现象，掌握心理保健常识和技能。其重点是自我认知、学习能力、人际交往、情绪调适、升学择业以及生活和社会适应等方面的内容。

（四）课程目标

1. 总目标

心理健康教育的总目标：提高全体学生的心理素质，培养他们积极乐观、健康向上的心理品质，充分开发他们的心理潜能，促进学生身心和谐可持续发展，为他们健康成长和幸福生活奠定基础。

2. 具体目标

心理健康教育的具体目标：使学生学会学习和生活，正确认识自我，提高自主自助和自我教育能力，增强调控情绪、承受挫折、适应环境的能力，培养学生健全的人格和良好的个性心理品质；对有心理困扰或心理问题的学生，进行科学有效的心理辅导，及时给予必要的危机干预，提高其心理健康水平。

心理健康教育的课程目标体现在常识水平、意识水平和行为水平三个方面。常识水平包括普及心理健康常识，认识一些心理异常现象，了解心理健康保健的常识、调节方法和技能；意识水平是指在认识心理健康常识水平的基础上，认识到心理健康的重要性，树立心理健康意识，积极关注个人的心理状态，当有心理困扰的时候能够及时寻求心理援助，缓解并解决心理困扰；行为水平是指在掌握一些基本的心理健康保健常识和调节技能的基础上，能够自主调节，通过自助、他助和助他三种方式进行心理疏导和心理干预。

（五）实施建议

1. 教学建议

（1）充分体现课程形式的多样性

心理健康教育的课程设置，可根据各年级学生身心发展的实际情况，开设心理常识课、心理辅导活动课、心理专题讲座等，旨在普及心理健康常识，帮助学生掌握一般的心理健康保健知识，培养良好的心理素质。

（2）充分发挥学生的主动性

学生是心理健康教育课程的主体。该课程的实施，应在平等、民主、和谐的氛围中进行，努力激发学生主动积极的参与，使每个学生都有话说，使每个学生都想说话，让学生通过自己参与的活动来宣泄感情、发表见解、探索解决问题的途径，帮助学生达到"助人自助"的目的。

（3）根据学生的心理发展特点和身心发展规律设计内容

心理健康教育的课程内容安排要以学生主体的实际需要为依据，其主要内容包括：普及心理健康基本知识，树立心理健康意识，了解简单的心理调节方法，认识心理异常现象，初步掌握心理保健常识，其重点是学会学习、人际交往、升学择业以及生活和社会适应等方面的常识。在课程实施中要根据学生成长过程中的需要或已经出现的问题，给学生提供协助与服务，帮助学生正确认识自我、认识环境、克服成长中的障碍。在学习、生活、人际关系等方面调整自己的行为，提高学生的社会适应性，以更好地发挥潜能和发展自我。

（4）倡导"活动体验型"的教学，培养学生良好的心理素质

教师应依据课程的总体目标并结合教学内容，创造性地设计贴近学生实际的教学活动，吸引和组织学生积极参与。通过角色扮演、小组讨论、换位思考、中心发言等方式，引导学生对自己及他人的感知，从中学会支持和鼓励自己与他人，从而促进成长。

（5）积极开通学校与家庭同步心理教育渠道

学校与教师要指导家长转变教子观念，使其重视孩子的心理素质培养，了解和掌握心理健康教育的方法，使家庭-学校变成各有侧重的教育场所，使家长充分认识到教育的"合力"作用。同时，帮助家长规范自身的行为，掌握和运用科学的家教方式方法，营造心理健康教育的环境，使家庭对学生的心理素质发展真正起到助推作用。

（6）加强心理健康教育的教育研究和课题研究

学校在进行心理健康教育时，要从学生实际出发，研究学生成长过程中遇到的各种问题和需要，明确心理健康教育的重点、难点，掌握科学的教育方法，提高心理健康教育的质量。同时，要特别注重心理健康教育课题研究，坚持理论与实践相结合，只有把两者有机结合，相互补充，相互渗透，才能真正提高心理健康教育的实效性。

2. 评价建议

心理健康教育课程是以提高学生的心理素质水平为目的的实践性课程，不管是心理辅导活动课，心理专题讲座，还是心理常识课，评价都应主要关注以下几个方面：

（1）心理健康教育要符合教育对象的心理发展水平、规律、特征和心

理需要

符合学生的心理发展水平、规律、特征和心理需求是心理健康教育取得成功的关键所在。不同年龄段的学生有不同的心理特征，针对不同年龄段的学生，教师应把握他们在成长中遇到的实际心理问题，确定对应的教学内容，安排活动，训练重点，使学生在原有心理水平基础上得到健康发展。

（2）心理健康教育要调动学生的主体积极性

心理健康教育课程遵循的是以学生为主体的原则，整个过程应让学生多想多动、多参与、多感悟。即使是在教授解决问题的方法和技巧时，也应让学生自己去思考、去总结、去想办法，教师只做点拨。这种让学生自得自悟的方式，有助于学生主动地、自觉地调整自己的某些观念和价值取向，进而调整自己的心态和行为方式。

（3）心理健康教育要避免学科化倾向

心理健康教育课程不同于其他的认知学科课程，它不主张直接向学生传授系统的心理学知识，而是以相关心理学理论基础为背景知识，把经过处理了的比较通俗化、生活化的，具有心理教育内涵的场景提供给学生，引导学生自我体验、自我发展、自我超越、自我实现。因此，心理健康教育课程体现的是以学生体验为主的一种教育，它不需要作业，更不需要考试，需要的是学生的参与、学生的感悟。通过参与和感悟，提高学生的心理健康水平。

心理健康教育不仅是一门科学，更是一门艺术，新课程改革不仅是一种教育观念的改革，更是一种教学理念的革新。因此，广大教师要站在新课程改革与心理健康教育融合的角度，本着一切为学生心理健康服务的态度去解读新课程改革，执行新课程改革，必然会实现心理健康教育的跨越式发展。

三、中小学生心理健康教育的学科渗透

（一）心理健康教育的学科渗透

心理健康教育的学科渗透，是指教师在学科教学的过程中，自觉地、有意识地运用一系列心理健康教育的原理和方法，帮助学生提高课堂学习活动

的认知、情感与行为技能，在授予学生一定学科知识的同时，开发他们的智力和创造力，提升学生的心理健康水平。

学科渗透是进行心理健康教育的主渠道，课堂是学校开展教育活动的主要场所。学科教学不仅是科学知识传授的过程，也是学生实现心理发展的过程。学校主要通过开设心理辅导课与进行个别心理咨询的形式来实施心理健康教育，这无疑是学校开展心理健康教育的两种重要途径。但是，实施心理健康教育应该是从多渠道、多角度出发，因地制宜、随时随地对学生进行教育。

（二）心理健康教育的学科渗透方式与策略

学科渗透的方式主要有两种：一种是依据学科间教学内容相互作用以及开放的特点，从多学科出发，通过跨学科交叉、融合知识，使知识得到优化重组而成为一门新的学科；另一种是相关学科在某一门学科中渗透，即某一学科在实际教学过程中引入相关学科的知识、方法、概念等来辅助教学，解决问题。

心理健康教育的学科渗透策略，主要是从教学活动和学生角度出发。教学设计侧重学科渗透，教学活动注重心理辅导活动的渗透。教学活动的开展是在课堂这个特定的空间进行的，学生在课堂上的优劣表现会影响其情绪、行为以及人格的形成，对学生心理发展产生重要的作用。从学生角度出发，引导学生形成正确归因。归因理论及相关研究发现，个体行为可以归纳为许多可能的因素，在众多因素当中，能力和努力是两个最主要的因素。正确归因可以帮助学生形成健全的人格。

在教学设计中要注意挖掘教学资源中蕴藏的心理健康教育内容，根据学科的具体内容寻找与心理健康教育相关的渗透点，对学生进行心理健康教育。教学内容的选择要符合学生的认知规律，突出重点，但也不忽略难点；教学方法则要选择能够激发学生学习兴趣，调动学生学习积极性的方法。

1. 语文课中心理健康教育的渗透和融合

在语文教学目标中设立心理健康教育的目标。要想在语文课中渗透心理健康教育，首先就要确定教育目标。语文教材中隐藏着许多心理健康教育的资源，这需要语文教育工作者努力挖掘。

在教学策略方法的设计中关注心理健康教育。在语文教学中，教师要适当地根据学生的实际情况以及教材特点去选择不同的教学方法，充分启发学生的想象力。生活场景和良好的学习氛围对心理健康教育的渗透有着重要的作用。

在课外作业的选择中融入心理健康教育。如果想要更好地加强对学生的心理健康教育，单纯以语言能力训练为目的的作业已经不能满足要求，而且学生也会厌烦，因此，在为学生布置课后作业时，应当充分结合心理健康教育因素来选择。

2. 数学课中心理健康教育的渗透和融合

心理学研究表明：直观、形象、新奇的东西更能引起学生的注意。和成年人相比，中小学生注意力集中在同一件事情上的时间较短，根据这一特点，在课堂中，教师可以借助不同的形式来设计教学内容，吸引学生主动参与课堂。

我们可以结合学生的心理特点和生活经验创设问题情境，为学生提供充分的教学活动和交流空间。将数学知识放到生活的某个事件中，创设一个含有数学问题的原始生活情境，让学生在这个情境中对事件进行观察、分析，提出数学问题，让学生感受数学与生活的紧密联系，构成学生已有知识与解决现实问题之间的"冲突"，激发学生探究新知识、解决新问题的欲望，引发学生学习数学的兴趣。在快乐轻松的氛围中，学生可以表现得更为出色，自信心倍增。

3. 体育课中心理健康教育的渗透和融合

体育课作为学校教育工作的重要内容，富含许多可以利用的心理健康教育资源。这些宝贵资源的充分利用，势必促进学校体育工作的提高和学校心理健康教育的快速发展。体育课不仅涉及丰富的观察、记忆、注意、想象、思维等认知能力，同时更需要各种心理品质的支持。其中，竞争意识、团队精神、意志品质等都是最重要的体现。体育课是培养竞争意识的良好途径，竞争是体育的灵魂，没有竞争就没有超越和创新发展。体育竞争激励人们拿出最大体能、勇气、智慧去奋勇拼搏、积极进取，勇于为集体和个人争取荣誉。

4. 思想品德课中心理健康教育的渗透和融合

思想品德课在课程目标、内容设置以及学科特点上，较其他学科具有明显的心理健康教育优势。

（1）教学设计突出情感目标，体现心理健康教育的功能

传统的教学设计偏重于知识技能的传授和培养，而心理健康教育着眼于心理素质的培养和人格的全面发展。这就需要在思想品德课的教育目标设定中将情感、态度、价值观目标置于更加突出的位置，改变以往主要着眼于"要知道"的知识模式，强调学生多主动观察、多感受体验、多参与活动。因此，教学过程应更重视落实"体验不同情绪下处理同一件事情的效果；体验合理宣泄不良情绪后的愉悦心情；体验在关注他人感受时的成就感和价值感"，而不是着重于让学生记住情绪的基本类型、情绪的重要性等知识点，从而使学生真正学会在实际生活中调控情绪。

（2）重视情境教学，增强学生情感体验

在思想品德课上巧设情境，是进行心理健康教育、提高课堂实效的有效方法。通过情境的创设，升华学生的情感体验，在此过程中培养学生健康的心理品质。在尝试思想品德课中渗透心理健康教育的方法与策略过程中，探索情境教学的基本模式：创设情境、引发困惑——讨论解惑、感悟道理——成果迁移、巩固目标——回归主题、深化目标。创设情境的方法有很多，包括影片录像赏析法、小品剧表演法、故事分享法等。

（3）开展活动教学，促使学生参与课堂

活动教学是一种教学观，又是一种教学形式。作为教学观，它把教学过程作为一种特殊的活动过程，重视活动在学生认知与能力、个性与情感以及价值观形成发展中的重要作用，认为教学的关键在于建构学生的主体性活

动,以活动促发展。因此活动教学也是思想品德课中渗透心理健康教育的重要方法。

5. 音乐课中心理健康教育的渗透和融合

音乐的旋律、节奏和音色通过大脑感应可引发情绪反应,并进一步影响生理状态。利用音乐学科的特殊性,深入发掘出音乐歌曲中内在的思想情感教育因素,采用"输液灌滴""潜移默化"的方法,把这些思想情感充分地揭示给学生,让他们更好地感受、体验和表现,并在此基础上,陶冶情操,影响道德,启迪心灵,熏陶和感染意志,达到"润物细无声"的德育效果。首先,教师应树立好德育意识,以课堂为阵地,教材为内容,充分分析和发掘教材中的德育因素,做到每堂课都能有德育的内容及其侧重点。其次,教师应紧抓节奏、旋律、音色、曲式,拍子、和声等音乐要素所塑造的形象,诱导学生进入歌(乐)曲意境,抒发美好的情感。我们通过音乐的辅助作用,来松弛神经、放松心情、缓解压力,这样就能让学生的情绪得到有效的调节。将心理健康教育寓于音乐教学之中,让学生在进行音乐欣赏时消除紧张情绪。因此在音乐教学中,教师可以通过播放舒缓的音乐,使学生达到放松状态,也可以交替播放节奏强劲和柔缓的音乐,使学生体验紧张与放松的对比,达到调节和舒缓情绪的目的。

四、中小学生心理健康教育网络

(一)心理健康教育网络的作用

在中小学生心理健康教育的问题上,学校、家庭和社区三者各自发挥着不容忽视的作用,同时三者不是彼此割裂的,而是相辅相成、相得益彰的关系。

1. 学校的教育对学生心理健康的影响是不可或缺的

当前的中小学由于受到传统应试教育的影响,一些学校的素质教育流于形式,中央的素质教育精神并未得到很好的贯彻和执行。很多学校片面追求升学率,只重视对学生智力的开发和提高,忽视了对学生素质的培养和能力的提升。学校大多存在重智育、轻德育；重课内教学、轻课外实践；重尖子生、轻后进生的现象。一些教师忽视学生的心理特点，在教育中采用不当的方法，体罚、心罚学生，损伤学生的自尊心，使不少学生产生孤独、自卑的心理。有些后进生被教师忽视，失去上进心而自暴自弃。教师关注的不公平是学生产生自卑心理的重要原因，教师过于严厉是学生产生退缩心理的重要因素，教师蛮横粗野是学生产生逆反心理的推动力量。

2. 家庭的教育对学生心理健康的影响是潜移默化的

家庭心理健康教育是青少年心理健康教育不可忽视的一个环节。家庭是青少年成长的主要环境之一，家庭和睦与否、经济收入的多寡、社会地位的高低以及家长的品德修养、文化水平，教育方法等都对学生心理健康有直接或间接的影响，家庭教育的缺失或不当常表现在多种形式上，任何家庭的因素，都可能成为孩子产生心理问题的重要原因。

3. 社区的氛围对学生心理健康的影响是耳濡目染的

学生就读于学校，栖身于家庭，嬉戏于社区，青少年学生是社区中很大的一个群体，他们精力旺盛，可塑性强，情感易冲动，容易受到影视录像、杂志、小说、电子游戏、网络上的不健康内容的影响，这些内容满足了学生好奇心的同时，无形中损害了他们的身心健康。同一社区的孩子接触频繁、彼此熟悉，年龄较小的孩子容易受到一些大龄孩子的影响，社区一些负面影响对学生冲击甚大，青少年由于缺少辨别能力，一味模仿，容易造成一些学生的非正常心理。因此，营造良好的社区氛围十分重要。

（二）构建心理健康教育三位一体协同网络

学校、家庭与社区在学生的心理健康教育上要形成三方联动机制，形成协同效应。三者相互协调、共同推进，充分发挥各自的时间、空间及资源优势，以科学的态度和切实可行的方法教育和引导学生，培养学生健全的人格、健康的心理品质，为学生求学阶段的学习、生活和将来职业生涯中具备良好的社会适应能力打下基础，具体要求和建议如下：

1. 学校要为未成年人提供身心健康成长的学习环境

第一，要树立现代心理健康教育理念，科学认识心理健康教育对于素质教育、减负增效和青少年和谐成长的积极意义，正确处理心理健康教育与学科教学、生命教育、德育、校园文化的关系。

第二，要在进一步提升心理健康教育的专业化水平上多实践、多努力，尤其是要坚定不移走积极型、发展型心理健康教育之路，以心理育人为根本，立足于心理建设、和谐发展，着眼于心理幸福、快乐成长，而不是心理预防和治疗矫正。

第三，要加大专项经费投入和支持保障力度，健全规范的工作制度，给予一定的政策倾斜。

第四，要积极开展心理健康教育理论研究、实验研究和专题研究，提高心理健康教育工作的科学性、针对性和实效性。

第五，要立足校本实际挖掘教育资源，使得心理健康教育回到教育原点、回归常态生活，努力建构和精心打造心理健康教育的个性化"特色"和示范性"品牌"。

第六，要在巩固"心理育人，人人有责"的基础上，更加充分地发挥心理健康教育教师的积极作用，加强心理健康教育教师队伍的专业化建设。

另外，学校应主动加强与家长的沟通。一方面要及时地把学校对学生的要求、评价反馈给家长，并了解家长对子女，对学校工作的期望，以争取家长对学校教育的理解、支持和配合；另一方面要主动承担起家庭教育的指导任务。同时，学校还要主动融入社区，把教育延伸到社区。一方面利用社区教育资源，拓展学校教育的空间，弥补学校教育的不足；另一方面发挥学校在社区中的教育中心和文化中心的作用，向社区开放场地、设备、师资等教育资源，促进社区的发展，从而反作用于学校教育。

2. 家庭要为未成年人成长创造一个良好的生活环境

第一，家长要树立正确的家庭心理教育导向，创设良好的家庭教育氛围；第二，要洞察孩子的个性，因势利导，善用鼓励，使孩子树立自信心；

第三，注重孩子的情趣，尽量拓宽孩子的生活视野，不断培养孩子良好的行为习惯和心理素质；第四，要正确对待孩子所犯下的错误，要努力培养孩子既爱自己又爱别人，树立正确的儿童观、教育观和价值观；第五，提高家长心理素质，建立学习型家庭，树立身教意识，树立榜样形象，促进孩子形成良好的学习习惯，不断提升心智水平。

3. 社区要为未成年人身心健康成长构建良好的社会环境

第一，各职能部门要在地方党委和政府的领导下，协调合作，各负其责，创造有利于未成年人健康成长的社会环境。

第二，地方宣传部、综治办、文明办，团委、妇联等部门要充分发挥作用，采取未成年人喜闻乐见的形式，对他们进行心理健康教育，切实培养其健全的人格特质。

第三，社会各界要关注弱势人群，特别是关注流动儿童和留守儿童的心理健康教育。

第四，社会各部门要齐抓共管，铲除不良信息的侵入，给未成年人健康成长提供清净、纯净、干净的社会环境。

第三章　中小学班主任工作的教育观与方法观

第一节　班主任的职责

我国《中小学班主任工作规定》中对班主任的职责作了明确规定。班主任按照德、智、体、美、劳全面发展的要求开展班级工作,全面教育、管理、指导学生,使他们成为有理想、有道德、有文化、有纪律、身心健康的公民。同时班主任还必须具有培养学生的自主管理能力、解决问题能力、社会实践能力,养成良好的生活学习习惯,提高学生的综合素质的职责。因此,班主任在班级管理工作中处于领导和决定地位,是班级管理的核心和第一责任人。

一、班主任的作用

鉴于班主任工作在学生管理中的特殊性,决定了班主任与其他任课教师在班级管理中发挥着不同的作用。班主任除完成自身教学任务外,还承担学校德育工作,维系着教育教学管理的任务。虽然不同年级间班主任工作的内容不尽相同,但是总体上发挥的作用主要表现在以下几个方面。

(一)班主任是班级工作的组织者、领导者

班主任是班级管理的核心,除了承担着繁重的教学任务外,还必须做好班级的日常管理,德育教育等工作。因此,班主任在教育活动中行使管理和

育人的双层职责。为了做一个合格的组织者、领导者，首先，要用自己的学识、人品、工作态度、教学方法等因素去影响和感染学生，从而树立自己的威信，充分发挥班主任在班级中的号召力和影响力。其次，班主任通过组织各种班级活动和交流，在活动和交流中既能加强师生之间的沟通，又能增进学生与学生、学生与教师之间的友谊，形成融洽和睦的集体氛围。再次，班主任通过建立健全各项规章制度，确立班级管理的组织机构等形式，引导学生主动参与班级管理，培养学生的参与意识和独立工作的能力。

（二）班主任是学生成长的教育者

班主任的本职工作是对本班学生进行全面的教育，对学生的德、智、体、美、劳等全面发展肩负着重要责任。班主任的教育作用就是要教育学生学会做人、学会学习、学会做事，培养良好学习和生活习惯，提高将来适应社会的各种能力。为此，班主任在平时的工作中要善于发现每个学生的个性特点、兴趣爱好，挖掘学生的潜能，培养学生的专长。教师的一言一行甚至一个眼神都能影响学生的成长甚至一生，班主任教师的言行更为重要，对不同学生特别是成绩、表现比较差的学生，要善于发现他们的闪光点，进行不失时机的鼓励，循循善诱地引导，启动学生的积极意识和进取心，引发他们产生求知的欲望和需求，逐渐培养自我教育的能力，为形成良好的习惯打下基础。要利用班主任的影响和教育，积极创造条件为学生在能力、知识、习惯、品行等方面的培养和发展打下坚实的基础，使每个学生在德、智、体、美、劳等各方面健康和谐地发展。

（三）班主任是联系各任课教师的纽带

班主任在教学过程中，除了完成自己的教学任务外，组织、协调其他任课教师的教学也是班主任的重要任务。首先，班主任应该成为本班任课教师集体的组织者、协调者，成为教师集体的带头人。班主任在完成自己教学任务的同时，对其他任课教师课程的安排、课时的调节、教学任务的衔接等方面发挥着较大作用。其次，班主任要经常与其他任课教师沟通，及时了解掌握每个学生在学习中的各种表现，及时反馈学生对该门课程的学习情况，共同探讨有针对性的教育指导策略，促进学生的全面均衡发展。再次，班主任要信任与支持任课教师的工作。班主任与学生接触最多、最亲近，班主任的观点最容易被学生接受，班主任不仅要利用这种影响力完成自身的学科任务，还要督促学生学好其他学科课程，要让出较多的时间给其他任课教师，更不要挤占音、体、美等课时。

（四）班主任是沟通学校与家长、社区的桥梁

学校与家长、社区的联系主要是通过班主任实现的。学生的家庭状况、社区环境会给学生带来多方面的影响，进而影响学校的教育教学。班主任要经常保持与家长的沟通，及时全面掌握学生的情况，赢得家长的信任和支持，共同探讨教育学生的措施和方法，使学校教育与家庭教育密切配合，取得更好的教育效果。同时，要注意和所在社区进行协调、沟通，积极争取社会的教育力量，为学生的发展营造良好的外部环境，让学生在一个安静、健康、积极向上的氛围内学习成长。

二、班主任工作的主要目标和职责

根据《中小学班主任工作规定》的要求，班主任的主要职责概括为"三抓"和"三育人"工作。"三抓"就是德智体美劳一起抓，好中差生全部抓，班内班外、家内家外同时抓。"三育人"就是要在管理班级中育人，在传授知识中育人，在指导生活中育人。"三抓"是从工作目标、工作对象、工作途径三方面概括了班主任的基本职责，"三育人"则从工作上概括了班主任工作基本职责。

具体地说，班主任除了在学期开始时制订班主任工作计划、确定本学期工作的重点、安排好各项工作外，主要工作职责如下。

（一）了解和研究学生

了解和研究学生是班主任的首要任务。这项工作是班主任工作的前提，体现了班主任的导师作用。班主任要教育好学生，只有了解学生、掌握学生的思想动态、善于分析学生的心理状态，才能从实际出发对学生进行教育，

才能做到一把钥匙开一把锁，把思想工作做到学生的心坎上，否则，是做不好班主任工作的。了解和研究学生包括学生个人和学生集体两个方面的情况。

学生个人情况主要包括每个学生的思想品质、学业成绩、才能特长、性格特征、成长经历以及家庭情况、社会生活环境等，以便有针对性地教育。学生的集体情况主要包括班级的历史、传统和班风，班级学生在品德、智力、体力等方面的总体情况，班级当前的主要思想倾向，班级中各种组织结构和骨干队伍的状况，以及各类学生所占的比例等，把每个学生的情况了解透、掌握准对做好班级工作和其他任课教师有针对性开展教学非常重要。

（二）组织管理班级集体

组织管理班级集体是班主任的重要职责之一，是班主任工作成功的组织保证，体现了班主任的组织管理能力。"小学生三分教七分管，中学生七分教三分管"，充分体现了班级管理的重要性，特别是低年级学生如果管不住班，很难达到好的教育教学效果。班级集体是学生个体社会化的第二阶梯（家庭为第一阶梯），是学生身心发展、品德形成、智能提高的重要场所。好的班集体就像温馨的春天，随时都在陶冶人的情感，就像熔炉一样，有着冶炼人的思想的巨大力量。因此，班主任要从各方面加强班级组织建设、思想建设、物质建设、信息建设，运用科学民主的方式管理好班集体。通过各种教育活动帮助学生遵守《学生手册》与《日常行为规范》，端正学习态度，养成良好的行为习惯；并着力使本班形成一个富有理想追求、尊师守纪、团结奋进、勤奋学习、朝气蓬勃的集体，保证学生在德智体美劳诸方面都得到和谐发展。

（三）教育学生全面发展

教育学生全面发展是核心，也是根本目标，是班主任工作的出发点和落脚点。首先，进行以党的基本路线为核心的思想政治教育，培养学生坚定的政治观，拥护共产党的领导和社会主义制度，拥护改革开放的总方针，坚持四项基本原则，培养学生正确的人生观、世界观。进行社会主义核心价值观教育，培养学生艰苦奋斗、勤俭节约、热爱劳动、遵纪守法、爱护环境、热爱祖国的文明行为和健康的个性品质，提高学生民主法治意识。其次，进行以增长知识、开发智能、发展个性为目的的学习教育。培养学生热爱科学、钻研技术、获取信息的学习习惯和能力。再次，进行生活、保健、安全、职业指导。培养学生自立的生活能力，保护其身心健康，增强其心理和身体的承受力、适应力、应变力。总之，促进学生全面发展，为提高学生思想品德素养、科学文化素养、身体心理素养奠定良好的基础。最后，关心学生的生活与身体健康，加强生活管理和人口教育（含性知识教育），组织和指导本班学生参加文娱体育活动，搞好教室卫生、学生寝室卫生和责任区卫生，培养学生独立生活能力和良好的生活习惯。

（四）协调好其他任课教师、班级干部、家长和社会的教育力量，提高教育的效果

协调班内各任课教师之间的关系，互通情况，统一要求，共同研究本班学生的思想品德和学习情况，有针对性地制订教育措施，改进教育方法，帮助学生树立远大理想，学会做人。明确学习目的，改进学习方法，学好各门功课，不断提高学习能力，特别是自学能力。有计划地组织好班委会活动，充分发挥班委的主动性、积极性和创造性，努力培养班委会干部独立工作能力和自主管理能力，依靠并指导共青团、少先队做好工作，既要尊重团、队组织的独立性，又要充分发挥它们的组织作用，使团、队组织成为班集体的核心。

召开家长会，走访家长，加强与学生家长的联系沟通，做好家长工作，通过家庭访问、电话联系、家长座谈会等，使家长对子女的教育与学校的要求协调一致。对家长不适当的教育提出意见和建议。协调年级组、教务处等抓好校外教育委员会与家长委员会的建立与管理工作。总之，沟通课堂内外、学校内外的各种教育力量，优化教育效果。教育因素时时有、处处有、事事有，因此，教育责任人人有，教育途径处处有，班主任在其中要充分发挥桥梁和纽带作用。

（五）组织学生开展各种课外活动

组织学生春游远足等活动，在观赏大自然中培养学生美的观念和辨别真、善、美和假、恶、丑的能力。组织学生参加生产劳动，指导学生课外活动和配合有关教师开展课外科技活动，培养学生的劳动观念和发展学生的特长和个性。

（六）计划、检查、总结、提高

同其他工作一样，班主任工作表现为制订计划、组织实施、检查效果、总结提高，这项职责贯穿于班主任工作的全过程。同时，班主任还要处理好班级的日常工作，如批准学生请假、安排值日、检查课堂常规、审查班级日志、组织早操和课间操等，在全面了解学生的基础上评定学生的操行，鼓励学生不断进步；做好毕业生的鉴定，学期、学年做好本班工作总结或专题经验总结等。

三、班主任的基本任职条件

中小学不论班级大小，每个班级必须配备一名班主任。班主任由学校（德育处）从担任该班级的优秀任课教师中选聘，聘期由学校确定，为保持班级工作的连续性，担任班主任工作时间应连续在1学年以上。班主任是管理班级和学生最基层和最重要的岗位，对学生的成长具有重大的影响力，因此，选聘班主任极为重要，在选聘班主任过程中，应当在教师任职条件的基础上突出考查以下条件。

（一）遵纪守法，贯彻党的教育方针

遵纪守法是对班主任任职的最基本要求，只有对自己严格要求的人，才能做好班级工作，才能管理好班级、带好学生，很难设想一个自由散漫的人能够做好班主任工作。班主任应始终把贯彻党的教育方针作为工作的基础，把每个学生的全面发展作为出发点和立足点，把每个学生的成人成才作为工作的重点。

（二）具有良好思想政治素质和职业道德，为人师表

思想上过得硬，具有较高的职业素养和奉献精神，为人师表是做好班主任工作的前提。班主任应该从教师中的优秀分子选拔，必须作风正派，心理健康，在人品和学问方面是学生学习的榜样，以自己的人格力量影响学生如何做人。

（三）热爱教育，爱生如子

具有一定的协调能力，善于与学生、家长及其他任课教师沟通。对于学生要具有诚心、耐心和爱心，勇于付出，甘于奉献，好学乐教。能够与学生、家长、其他任课教师进行有效的沟通，能够充分发挥学生和教师，教师和教师，校内、校外的教育作用，最大限度地服务于教育教学工作。

（四）热爱班级工作，爱岗敬业，业务能力强，具有较强的教育引导和组织管理能力

班主任对班级工作要热情，耐心细致、持之以恒地做好各项工作。遇到问题沉着冷静，有办法，善于引导，及时把各种问题和矛盾化解在萌芽状况，树立良好的学风、班风，培养学生积极向上的精神和吃苦耐劳的品质。在教学上能够系统地掌握本学科的基础理论和专业知识，承担相应的课程和规定课时的本级教育教学任务。

教师初次担任班主任应接受岗前培训，符合选聘条件后学校方可聘用，发放聘用证书。新老班主任每年都必须积极参加班主任的培训，学习新知识，更新观念，更好地适应班主任工作的需要。

第二节 班主任的现代教育新理念

教育观是人们对教育者、教育对象、教育内容、教育方法等教育要素及其属性和相互关系的认识，还有人们对教育与其他事物相互关系的看法，以及由此派生出的对教育的作用、功能、目的等各方面的看法。教育理念是对

"教育是什么"的价值判断和基本看法，具有思想导向的特性。它以一种文化氛围、一种精神力量、一种价值期望、一种理性目标的形式陶冶学校的教师和学生。作为一种行为准则，教育理念具有规范人、指导人的作用。正确的教育理念是班主任做好班级工作的基本前提和保证。

一、教育的内涵：培养具有健全人格的人

人格，从社会学角度解释是指人的尊严、价值和道德品质的总和；从心理学角度解释是指人的性格、气质、能力的总和。总之，人格涵盖了人的一切内在品质。人格的形成与自身素质有关，同时受生活环境、教育、社会实践等外部因素的影响，其中教育的影响最大。而基础教育阶段是培养中小学生健全人格的重要时期。

（一）学生是具有主体性的人

长期以来，我国的教育以教师、书本、课堂为中心，注重知识传授，轻视能力培养和学生个性发展。学生不是学习的真正主体，而是班主任班级管理的产物。这就严重抑制了学生好奇求知、探索创新的意识。这样培养出来的人才，只习惯于按常规办事，只善于模仿和继承。现代教育是人的发展过程，是生命的不断升华和超越。在这一过程中，学校教育只不过是人的发展过程中的一个阶段，一个完善自我、助推生命升华和超越的过程。现代教育最重要的特征就是充分尊重、发挥人的主体性。主体性作为人的一种特性，集中体现为独立性、主动性和创造性。只有重视培养学生的主体性意识，才能使学生成为认知的主体，才能真正促使学生在教学活动中生动、活泼、主动地发展。

教育能够唤起人的主体意识，促进人的主观能动性的发展。人的生命的成长离不开外界环境与条件。然而，生命本身具有自主性，外界因素可以影响它，但无法取代它。如果取代它，生命本身就失去了意义。人"天生"具有认识外部世界、求知于外部世界的本性，乐于自己去追问、去探寻、去创造，并在追问、探寻、创造的过程中展现自己的生命力量，获得生命的意

义。如果教育教学中漠视人生而具有的求知欲、创造欲，把外部世界的知识灌输给学生，那么学习会成为一件疲于应付的苦差事，会越学越"没味"。因为学生从中感受不到自我生命的力量、自我存在的价值。人还"天生"具有自我认识、自我发展的本性。如果教育教学埋没人的自我认识的本性，不去发展学生自我认识、自我教育的能力，那么教育教学是缺乏活力的，是难以持久的。主观能动性本身就是教育教学的目的，就是让学生在探索世界、探索自我的过程中增强自主性，在自我不断超越的过程中体验到生命的力量与意义。主观能动性在成就自我方面具有巨大的作用，其最高表现形式是人的创造性。成功的教育实践都是视学生为独立的个体，尊重学生的教育主体性，调动学生自我教育的主动性、能动性，使学生成为学习和自己行为的主人。所以，班主任要善于唤醒学生的主观能动性，努力促进学生主观能动性的发展。在班级管理中要重视唤起学生的主体意识，注意采用启发式和讨论式管理形式，鼓励他们主动参与、交流合作、大胆质疑、探究发现，让每个学生都成为班级的主人、学习的主体，体验到发挥主体能力而取得某项成功的喜悦，充分调动学生参与班级管理的积极性，从而极大地提高班级管理的效率。

（二）现代教育要警惕人文精神的失落

我们常说，教育是教育者与受教育者之间施教——学习、操作——模仿、榜样——感化的过程。教育必须具有一种影响，必须在人与人之间进行精神交流与对话。教育是人的灵魂的教育，而非知识的堆积。教育的本质意味着一棵树摇动另一棵树，一朵云推动另一朵云，一个灵魂唤醒另一个灵魂。如果一种教育未能触及人的灵魂，未能引起人的灵魂深处的变革，那么就不能成为教育。教育的主要目的在最广泛的意义上就是"引领"，或者更确切地说，是帮助儿童成为充分成型的和完美无缺的人。因此，教育具有引导的意义。要引导人热爱生命；要引导人寻找自我，理解生活；要引导人努力建构自己的精神世界；要引导人与环境做积极的对话。所以，我们的教育都应该用心去和学生进行心的交流，最后形成共鸣。感悟学生的感悟、快乐学生的快乐、幸福学生的幸福,和学生一同感受他们成长的喜悦,成为他们幸福的源泉。

现代教育要警惕人文精神的失落。文化教育学家斯普朗格认为:"教育绝非单纯的文化传递,教育之为教育,正在于它是一个人格心灵的'唤醒',这是教育的核心所在。"也就是说,"教育的最终目的不是传授已有的东西,而是要把人的创造力量诱导出来,将生命感、价值感'唤醒',一直到精神生活运动的根。"

(三)教育的价值是培养学生健全的人格

素质教育要使学生学会做人、学会求知、学会劳动、学会生活、学会健体和学会审美,为将他们培养成为有理想、有道德、有文化、有纪律的社会主义公民奠定基础。因为解决人的全面素质、整体素质,并不仅是知识和能力可以包容的。有的人很有知识,也很有能力,但缺乏道德,这样的例子并不罕见,这就是所谓的"高才低德"现象。这当然不是说高才必然会导致低德,而是说有些高才的人并没有养成与其智力水准相应的道德水准。一旦如此,其对社会所造成的影响甚至危害常常会更严重。素质教育就是着眼于提高人的素养和品质的教育,强调的是知识的内化和人的潜能的发展,强调的是人的身心和谐而全面的发展。教育的内涵就在于努力培养具有健全人格的人。

二、教育的重点:培养具有创新能力的人

教育活动最根本的社会功能在于为社会的发展培养和准备人才。它表现为两个方面:一方面,"重现历史人",使受教育者接受和掌握前人已经获得并积累起来的知识、经验和技能,重新塑造出传统意义上的人。另一方面,"促成再创造",按照社会发展和更新的要求,根据对未来社会的预测,改变传统的人,设计和培养出一种新人。"重现历史人"的功能注重对现有知识的积累;"促成再创造"的功能注重对创造潜力的激励和开发。

（一）学生是具有发展性的人

学生是处于发展过程中的人，意味着学生是一个不成熟的人，是一个正在成长的人。学生的身心发展是有规律的，学校的一切活动都应着眼于促进人的全面发展。作为班主任，必须依据学生身心发展的规律开展教育活动和班级管理活动，切实转变观念，为学生的全面发展和终身发展服务。

从教育角度讲，作为发展的人，学生是在教育过程中发展起来的，是在教师指导下成长起来的。任何一个大脑健康的人与一个伟大的科学家之间，并没有不可跨越的鸿沟，他们的差别只是用脑程度与方式的不同，而这个鸿沟不仅可以填平，还可以跨越。因为从理论上讲，人脑的潜能几乎是无穷无尽的。

学生具有巨大的发展潜能，教师应该坚信每个学生都可以成才，他们是有培养前途的，是追求进步和完善的，是可以获得成功的，因而对教育好每一个学生应充满信心。教育的功能之一在于发掘并激发人的潜能。班主任要充分认识到，所有的学生都能成为合格生，每个学生都能成为某方面（哪怕极小的方面）的特长生。只要教学内容、方法等得当，师生配合得好，每个学生的身心发展总水平、总潜能就能得到较大提高。班主任要注重挖掘学生自身的潜能，开展各种活动，采取多种形式，创造一切条件让学生充分展示自己的个性，释放自身所具有的潜能，以培养和发展学生的综合素质与能力，为学生的全面发展和终身发展打好基础。一切教育教学活动都应着眼于为学生的终身发展服务，并特别注重发展学生的智力因素与非智力因素，使学生的身心、智力等各方面都朝着健康、和谐、活泼、主动的方向发展与提高，有效地激发学生求知、探索、开拓、创新的意识与精神。

学生的学习类型本身并没有好坏之分，因为学生与生俱来就各不相同，没有相同的心理倾向，没有完全相同的智力。每个学生都有相对优势的智力类型，其优势智力对自身的发展可能起主导作用。教师认识到这一点，对学生的发展至关重要。但是，一个学生的潜能怎样发挥出来，是各不相同的。这就需要教师"以学为本，因学施教"。从一定意义上讲，学生的生活和命运掌握在学校和教师的手里。学生是不是生活得很有趣味，是不是学得很好，是不是健康成长，是不是幸福欢乐，都和他们所在的学校和所遇到的教师有极大的关系。因此，教师不应该用预先设定的目标僵硬地规束学生、限定学生。教师所要做的是为学生创设一个有助于其生命充分生长的情境，把学生的生命力量引出来，使学习过程成为学生生命成长的历程。

（二）教育在于发掘人的潜能

世上每个人都是不同的个体，每个人的身上都蕴藏着一份特殊的才能。那份才能正如一位熟睡的巨人，等着去唤醒它，而这个巨人即潜能。上天绝不会亏待任何一个人，它会给每个人无穷无尽的机会充分发挥所长。只要能将潜能发挥得当，每个人都可以成为爱因斯坦，也能成为爱迪生。无论别人评价如何，无论年纪有多大，无论面前有多大阻力，只要相信自己，相信自己的潜能，就能有所成就。事实上，世界本来属于我们，只要无限的潜能像原子能反应堆里的原子那样充分发挥出来，我们就一定会有所作为，创造奇迹。

要释放人的潜能，就需要进行潜能激发，让人进入能量激活状态。潜能激发的前提是相信所有人都具有巨大的潜能，而且这些潜能并没有被释放出来。虽然人们可以通过自我激励开发潜能，但更可靠、更适用的方法是通过外因的激发带来能量的释放。因为自我激励需要坚强的意志力，而外因的激发则是人的一种本能反应，其本身带有一种竞技游戏的效果。教育的功能之一就在于发掘并激发人的潜能。实践证明，不断挖掘头脑潜能可以"超常发挥"，使看似平庸的人有非凡的建树。

（三）当前教育思想的现代化核心是创新教育

创新教育是以培养学生的创新精神和创新能力为基本价值取向的教育，其核心是在实施素质教育的过程中研究和解决如何培养学生的创新意识、创新精神和创新能力的问题，其目标是培养具有创新精神和创新能力的人。知识经济发展的最主要的动力源泉是创新，人才资源优化的本质也是创新；世界教育改革的焦点是创新，我国素质教育的核心也是创新。在核心素养背景下开展创新教育，创新的落脚点应该是素质，即我们所理解的创新是人的一种素质，而作为人的一种素质是可以培养的，否则就不称其为创新教育了。①创新精神的激发是创新的前提。创新精神是一种甘冒风险的勇敢探索精神，是一种与他人合作的团队精神，也是一种不断学习的探索精神。创新精神是创新的内在驱动力。只有具备创新精神，才可能不断进行有意识的、有意义的创新活动，也才有可能达到创新的目的。人的生命的意义就在于不断创新，人的创新精神的培养在很大限度上是教育作用的结果。②创新思维的训练是创新的关键。只有训练创新思维，才能点燃创新之火花。创新思维源于形象思维和逻辑思维的统一。对创新要求越高，越要求实现逻辑思维和形象思维的统一。而求异思维是创新思维的重要特征之一，这个特征贯穿于创新活动的始终。③创新能力的培养是创新的保证。有了创新精神、创新思维，而没有创新能力，就不可能有创新成果。所谓创新能力，就是运用一切已知的信息，生产出某种新颖、独特、有价值的"产品"的能力。这种"产品"是指新观念、新理论、新技术、新物质产品。创新能力包括知识创新能力和技术创新能力。一个具有创新能力的人往往能超脱具体的知觉情境、思维定式、传统观念和习惯势力的束缚，在习以为常的事物和现象中发现新的联系和关系，提出新的思想，产生新的产品。知识经济时代特别崇尚的就是人的这种创新能力，因为创新是靠创新能力来实现的。可以说，创新能力是知识经济时代人们必须具备的最重要的能力。

当今世界的知识尤其是科技知识有两大特点：积累多，知识量大；增长快，发展快。现在的学生关键不在于记忆现有知识，而在于如何理解最新的科学发现，增强理解力。因此，培养"学习如何学习"的能力、培养创新能力是十分重要的。当前，教育思想的现代化核心是创新教育，因而培养学生的创新能力已成为研究的热点。社会在变革，知识在更新，新的时代要求我们把学生培养成思维灵敏、判断准确、主意巧妙的人。只有这样，学生才能成为灵活自如地适应时代、促进时代发展的人。未来社会最需要的是既有知识又有智能的人，"学历社会"必将转为"能力社会"，"高分低能"的人终将被社会历史所淘汰。未来社会需要的是创新型人才，我们必须从小就培养学生的创新思维、创新意识、创新精神和创新能力。

三、教育的使命：必须是富有人文的关怀

在教育过程中如何爱护学生的生命、关怀学生的幸福、重视学生的价值、尊重学生的人格和权利，同时把学生培养成富有人道精神的人是每一位教育者都应该面对的一个重要课题。

（一）学生是具有独特性的人

学生并不是单纯的抽象的学习者，而是有着丰富个性的完整的人。每个学生都有自身的独特性。每个人由于遗传素质、社会环境、家庭条件和生活经历的不同，形成了个人独特的"心理世界"，他们在兴趣、爱好、动机、需要、气质、性格、智能和特长等方面各不相同、各有侧重。"人心不同，各如其面"，独特性是个性的本质特征。珍视学生的独特性、培养具有独特个性的人应成为我们对待学生的基本态度。

独特性意味着差异性，不仅要认识到学生的差异，还要尊重学生的差异。差异不仅是教育的基础，也是学生发展的前提，应像对待财富一样珍惜差异开发差异，使每个学生的原有基础都得到完全自由的发展。学生的差异是多方面的，甚至有些方面是超出我们想象的。我们可对学生差异做以下几方面归纳：来自生理方面的差异、来自需要和动机方面的差异、来自个体认知风格方面的差异、来自个体情绪和意志方面的差异、来自气质性格方面的差异；来自能力水平和结构方面的差异；来自社会环境因素方面的差异等。正如辩证唯物主义理论所讲，世界上没有两片完全相同的树叶。差异也表现在学生与成人之间的差别。因为每个人的生命都有自己不同的"样子"，每个儿童的生命都与成人不同，他们不是父辈的复制与延伸，他们有自己独立的人格和精神世界；他们的生活阶段并非仅仅是成人期的一种预备，他们有着与成人相异的价值观念和行为方式。教育家卢梭曾说："大自然希望儿童在成人之前就要像儿童的样子。如果我们打乱了这个次序，我们就会造成一

些早熟的果实，它们长得既不丰满也不甜美，而且很快就会腐烂；我们将造成一些年纪轻轻的博士和老态龙钟的儿童。儿童是有他特有的看法、想法和感情的，如果想用我们的看法、想法和感情代替他们的看法、想法和感情，那简直是最愚蠢的事情。"[1]尊重生命独特性的教师尊重每一个学生的独特性，他善待生命处于弱势的学生，让每一个学生都能在教育中获得成功的机会，体验到生命成长的快乐。所以，班主任要认真思考如何在教育中努力做到尊重个体与包容差异，如何让教育释放个体独特性，以及如何对现代教育的整齐划一性与批量生产性进行批判、反思与重建。

任何一个班级，学生个体之间的智力、非智力发展水平存在着不同程度的差异。班主任要重视学生的差异性，针对学生个体之间的差异确定不同的教学目标、教育方法和评价标准，力求对症下药，因材施教，让每个学生都能在原有的基础上获得充分的发展，都能品尝成功的愉悦。遵循学生的差异性原则，班主任在教学中可采取全员参与的教学策略，注重设置有层次、有差异的学习目标，以适应不同水平学生的学习需要，最大限度地调动每个学生的主动性，使课堂教学中少数学生积极学习变为全体学生主动参与，使每个学生都能体验到成功的喜悦。此外，承认学生的差异性还要求班主任和其他任课教师正视学生的差异，尊重学生的人格，包括尊重学生的自尊心、自爱心、自信心，尊重学生的隐私等。师生在课堂上应该平等地交流、交往，以创造一个民主、平等、和谐的教学氛围，让每个学生的个性包括创新性特征得到充分的发展。

（二）现代教育应充分体现对学生的人文关怀

苏霍姆林斯基说过："教育是人心灵上的最微妙的相互接触，如果我们希望自己的学生成长为有义务感和责任心的，善良而坚定、温和而严格的，热爱美好的事物而仇恨丑恶行为的真正的公民，我们就应该真诚地对待他。"[2]教学过程应该成为学生一种愉悦的情绪生活和积极的情感体验。这

---

[1] 卢梭.爱弥尔（上卷）[M].李平返,译.北京：人民教育出版社.
[2] 苏霍姆林斯基.关于教育伦理学的一封信[J].教育研究.

就要求教师必须用"心"施教，不能简单地做学科体系传声筒。课堂不仅是用来传递学科知识，更是人性养育的圣殿。用"心"施教体现着教师对本职工作的热爱、对学生的关切，体现着教师热切的情感。

当代的班主任在教育中应充分体现对学生的人性关怀。①要让人情更浓一些。要给学生以丰富的情感，我们还要把富有激励的呼唤、鼓舞和关注性的语言当作传递情感的灵丹妙药。教师要引导学生"入情"，必先自己"入情"，只有深刻地感动了自己，才能深刻地感动别人。②要让赞赏更多一些。"没有常识就没有教育，人性中最本质的需求就是渴望得到尊重和欣赏。就精神生命而言，每个孩子仿佛都是为了得到赏识而来到人世间的。"现实生活中许多事例告诉我们，对学生的教育方法不同，结果也大不一样。经常鼓励学生，往往会收到更好的教育效果。"不是好孩子需要赏识，而是赏识使孩子变得越来越好；不是坏孩子应该被抱怨，而是抱怨使孩子变得越来越糟。"③要让鼓励更多一些。苏霍姆林斯基呼吁：学校应该让每一个学生都抬起头来走路。对于学生的表现，表扬总比批评好。老师每一句赞美的语言、每一道满意的目光、每一次成功的手势对学生都是一种激励。对待优生来说，更需要这样，要创造条件，使他们有机会表现自己，实现他们的自身价值。④要让笑容更多一些。微笑给人的力量是无穷的。在学生犯错误时，给他一个友好的微笑可以激发他们改正错误，培养积极向上的热情和信心；在学生回答问题时，给他们一个亲切的微笑能够消除学生的紧张与胆怯，激发他们的创造力，使学生回答得更加准确、圆满。微笑是心态与精神一致的体现，是一种风度，也是一种胸怀。真诚的微笑体现了教师豁达的胸怀、宽容的气度，体现了他的热情、随和、乐观，反映了教师的完美人格。⑤要让宽容更多一些。传统文化一个致命的要害是圣贤式"完人"观，并且有"存天理、灭人欲"等极端思想，这就是不宽容，其结果是一个人一辈子都在"做不完的检讨，挨不完的批评"中度过。尊重学生个体就意味着承认学生个体存在的差异性；鼓励学生文化个性的多样化存在，包括学生在个性、观念、思想、价值等方面的多样化。

四、教育的理想：应该让人对未来充满希望

当今社会，大众对教育的高度重视正发生着重大变化，他们在思考上学到底是为了什么？教育如果不能提升学生就业谋生的本领无异于谋虚逐妄。教育工作者要看到整个社会对教育的要求正在发生着巨大变化。过去几十年教育的目的是抓好学生上学的问题，解决上学难的问题。现在要转向上好学，接受优质教育，办好人民满意的教育。

（一）学生是具有生活性的人

教育应该在学生的生活中展开，应该和学生的生活并列进行，而学生应该主导自己的意识感受生活、接受教育。目前的教育注重知识传授，忽略了学生的学校生活，而把"生活的准备"作为学校教育的唯一目的。家长、教师对学生经常说的一句话就是"为了你的明天，为了你的将来，你要……"，那么学生的今天是怎样的呢？在优越的学习条件下为什么这么多的孩子产生厌学情绪，甚至旷课、逃学？为什么课堂上、学校里教师眼中的好学生，校内校外的差距为什么如此之大？认真反思我们的教育，发现问题的症结之一就是教育与生活联系不够紧密，特别是在相对落后的地区，学生所接受的教育脱离实际的生活更是严重，这不能不成为生活教育的欠缺、素质教育的短板。因此，班主任必须要树立良好的学生生活教育观。

（二）理想的教育必须体现三个特征

我们所说的优质教育经常是指"良好的教育""理想的教育"。理想的教育在实践上的追求就是优质教育，这是社会发展的客观趋势。理想的教育在教育目标上就是实现生活目标、职业目标与人生目标的完美结合。理想的教育应该让受教育者对未来充满希望，那就必须使教育体现出以下特征。①关注生活——教育的现实关怀。教育的现实关怀在于回归生活世界，培养在生活世界中会生存的人。"生活世界"是直观的、具体的、现实的和历史的，因而是丰富的，它给人以感性的生存基础。强调回归生活，是因为在现代人（尤其是学生）的成长家园中，"生活世界"被严重地剥离了，"科学世界"成了学生唯一的成长家园。确立一种新的教育生态观是当代教育发展

的一个重要理念。科学世界是我们进修理性的"营地",是建在异乡的家园;生活世界是我们故乡的家园,是最根本意义上的"家"。远离自然、远离社会、远离生活的教育自然也就远离教育的本来轨道。教育应该让学生的生活更美好。②关注发展——教育的未来关怀。教育的对象是人,因此教育应立足于人的立场,构建有利于人的发展的教育。教育可持续发展的基本目标就是培养学生可持续发展的精神整体,使之具有高尚的道德品质、科学的实践经验、丰富的文化修养,成为一个可持续发展的人,为可持续发展的社会所接纳,并能够参与到可持续发展的社会实践中。这就要求教育必须从学生可持续发展的角度组织教学内容、改革教学方法。③关注生命——教育的终极关怀。人只有一次生命,生命的重要性在于它的不可重复性。人的生命意义在于提升其生命的质量。人类发展史已经表明,生命质量的提升与教育质量成正比。优质教育是对每一个生命个体充满终极关爱的教育,是"目中有人"的教育。教育不仅要使我们的教育对象认识生活的意义,还要教会他们如何设计生活,使自己的生活更有意义;不仅要使我们的教育对象理解生命的价值,还要教会他们如何珍惜生命,使自己的生命更有价值。理想的教育关注人的生命质量;理想的教育立足人的真实生存状态;理想的教育实现人的真实生命成长;理想的教育呼唤一种富有生命活力的、健康的个体的出现。这是时代发展的需要,更是每个人生命深处的呼唤与需要。

(三)理想的教育必须实现人的真实生命成长

人的生命的成长离不开外界环境与条件,然而生命本身具有独立性、自主性。外界因素可以影响它,但无法取代它,否则生命本身就失去了意义。每个学生都有自己的躯体、自己的感官、自己的头脑、自己的性格、自己的意愿、自己的知识和思想基础、自己的思想和行动规律。正如每个人都只能用自己的器官吸收物质营养一样,每个学生也只能用自己的器官吸收精神营养。这是别人不能代替,也不能改变的。教师不可能代替学生读书,代替学生感知,代替学生观察、分析、思考,不可能代替学生明白任何一个道理或掌握任何一条规律,而只能让学生自己读书,自己感受事物,自己观察、分析、思考，从而明白事理，掌握事物发展变化的规律。

每个学生都是独立于教师的头脑之外的不以教师的意志为转移的客观存在。学生既不是教师的四肢，可以由教师随意支配；也不是泥土或石膏，可以由教师任意捏塑。教师要想使学生接受自己的教导，就要把学生当作不以自己的意志为转移的客观存在，当作具有独立性、主体性的人，使自己的教育和教学适应学生的情况、条件、要求和思想认识的发展规律。教师不能把自己的知识强加给学生，也不能将自己的意志强加给学生。强行灌输知识会挫伤学生的主动性、积极性，扼杀他们的学习兴趣，禁锢他们的思想，引起他们自觉或不自觉地抵制或抗拒。

第三节　班主任教育影响手段的有效性

通常来说，教育方法就是教育者对受教育者进行教育影响时所采用的各种方式、手段的总和。教书也好，育人也好，总之是要对学生施加影响，且这种影响是有计划、有目的的，不是任意的。班主任影响学生的手段很多，班主任侧重使用的手段决定了班主任所扮演的角色，决定了班主任工作的方法观。一种影响手段的运用是否发挥了预期的效果，直接关乎班主任工作质量的高低；在不同的教育环境下选择不同类型的教育手段影响学生，反映了一名班主任的专业能力与水平。

一、规矩与评比

班规就是班级的规矩，班规能约束人、要求人，但规矩的制订必须是合情合理的。班主任虽然可以通过班规教育学生，但班规不是万能的。定了班规后，班主任就必须通过评比落实班规，但如何做到公平公正地对学生进行评比，使评比对学生的发展产生积极的作用，这也是班主任需要好好研究的一项工作。

（一）恰到好处的班规

班规是班主任管理班级的依据，是形成良好班风的保障，是保证学生高效学习、克服不良习惯、促进学生全面发展的有效手段。优秀的班集体必须有一套合理有效的规章制度约束学生的不良习惯，规范学生的日常行为。

1. 制订班规必须遵循的主要原则

班主任制订出恰到好处的班规，对管理好一个班级十分重要。因此，班主任制订班规时必须遵循以下几个主要原则：

（1）教育性

班规最大的目的是通过劝导、奖励、惩罚等手段帮助学生成长，纠正学生的某些不良行为习惯，教育学生约束自己的言行举止。因此，好的班规应包括许多行为规范，如"黎明即起，洒扫庭除；既错便息，关门闭户""一粥一饭，当思来之不易；半丝半缕，恒念物力维艰"等。在制订班规的过程中，如果一味强调班规中的惩罚条例，而忽视必要的教育引导，可能会加大学生的逆反心理，导致学生一而再、再而三地犯同样的错误，这样培养出来的学生只会遵守规则而缺乏人文情怀。只有以教育性和有利原则为目的制订出的班规才会被学生衷心接受。

（2）实际性

班规制订应以解决本班的实际问题为目的，而不以条例详尽为目的。当新班主任接手班级管理之后，随着时间的推进和了解的深入，学生会暴露出越来越多的问题，如迟到、上课睡觉、乱扔垃圾、抄袭作业等。如果这些问题的解决办法没有在原来的班规中体现，那么班主任就要适当地调整班规，加强对这些突出问题的管理，并将相应的措施和办法添加到班规中，解决班级现阶段的突出问题。因此，从某种意义上说，班规应该是灵活调整的，因为它要解决一个又一个实际问题，不能固定不变。

（3）全面性

班规应考虑学生在校的各方面事情，总体上讲，应该包括学生的个体情况（出勤率、服饰、发型、学习成绩、行为习惯、思想状态等）以及班级管理的总体制度（教室、寝室卫生和纪律的评比，课外活动表现，学校奖励措施，请假制度，优秀班委干部评选等）。

（4）赏罚性

制订班规应避免出现三种情况，即只罚不赏、只赏不罚、不罚不赏。例如，某班规规定：不准上课迟到，不准在校内穿拖鞋。这些班规就是不罚不赏，只有规定而没有相应的惩罚制度，学生会视班规为一纸空文。同样不能只罚不赏，整个班规全是"禁止""不准""罚……"，没有任何奖励的措施，这会让学生看不到成功的希望，不利于调动学生的积极性。只有赏罚并举的班规才能最大限度地调动学生参与班级管理的积极性，并珍惜班级荣誉，热爱班级。

（5）有效性

有效在这里有两方面的含义：有效地被老师执行、有效地被学生接受。老师和学生可以清楚地记住所有班规，按章办事，明白自己的责任与义务。学生没有逆反情绪，犯错之后乐于接受惩罚，相信班规面前人人平等。因此，在制订班规的时候，应该充分调动全体学生的积极性，让全体学生参与班规的制订过程，为班规的完善建言献策。为确保班规被全体学生所接受，在制订班规的初期，应该广泛听取学生的意见，把握好惩罚和奖励的度，多从学生的角度思考问题。

（6）全员参与性

为体现班规的权威以及依法治班的理念，创新型的班规应加入对班主任或任课教师在课堂的要求，若老师违反班规，同样要接受相应的惩罚。例如，"班主任上课接听电话，罚扫教室一次""任课教师上课吸烟，罚跳一支舞"，这体现了班规之下人人平等的原则，有利于缩小师生之间的距离，有助于约束某些教师的言行举止，促进班级发展。

2. 执行班规需要注意的几个问题

班主任在执行班规时需要注意以下几个问题：

（1）强调执行力，言出必行

学生犯错，一定要强调其执行力，按照班规规定给予相应惩罚，做到言出必行。如果班主任一时心软而放任一次，不惩罚学生，这会使班规在以后工作中的权威性大打折扣，学生就会视班规为一纸空文。因此，班主任一定要做到铁面无私，并坚持对事不对人、人人平等的原则。

（2）树立"法治"而不是"人治"的理念

"法治"是以班规治理班级，而"人治"就是以班主任的权威治理班级。班主任应该树立以班规治理班级的理念，只能充当执行者的角色，不能将自己凌驾于班规之上。如果全体学生只听命于班主任而不服从班规，那将是班级管理的失败。新班主任由于经验不足，如果以"人治"管理班级，一旦把握不好分寸，事情处理得不好，很容易激发矛盾，影响师生关系。

（3）不知者无罪，没规定就不执行

在班规的实际操作中会出现许多新问题，如果学生犯错违纪，而班规中没有相应的惩罚措施，或者学生当时没有在场，不知道某些班规的具体措施。这时候，班主任切不可动怒，应该冷静地思考问题。面对一般的小问题，不妨先给自己一个台阶下——"不知者无罪"，等把相应的措施考虑周全之后再做处理。

总之，利用班规管理班级能够让学生对提倡做的事情和禁止做的事情一清二楚，提高班级管理的透明度，最大限度地节约班主任的管理时间与成本，提高管理效率，让班级管理走上良性发展的轨道。好的班规虽然对班级管理起到一定的积极作用，但其作用不能过分夸大。

（二）公平公正的评比

班主任的首选措施往往是评比，如评小红花、插红旗等。这是班主任的主要常规办法，也是校长的主要常规办法。中小学大门总会有一个大的评比表格，各班高低一览无遗。评比遭到过部分专家的批评，他们认为"评比就是制造紧张气氛"，"评比挤占了师生大量的私人空间与时间，引导学生眼睛盯着上级的目标，而没有发挥学生的主体性；评比就是按照上级的具体要求塑造自己，而不注重学生自我的发展"等。即便如此，科学的评比、恰如其分的公正公平的评比还是有积极的教育意义的。主要表现在：合理运用评比能增强一个班级的凝聚力；评比手段的使用可以使学生全面地认识自己的是与非，增强班级的向心力；评比方法的科学使用可以使学生在班级中获得持久的发展，使班级散发活力。所以，评比作为班主任的一种教育影响手段，只要班主任能合理使用，对促进学生的发展就会有一定的帮助。当然，评比只是一个教育手段，不是教育的目的。班主任在班级管理工作中，要善于研究学生身心发展的规律，面对学生的个体差异，做到因材施教，激发学生的上进心与责任感，促进学生积极健康发展。

二、说理与对话

说理是班主任影响学生的重要手段，但说理是有局限性的，并不是万能的。教师与学生在教育过程中的人格是平等的，所以在人与人的影响过程中，班主任更应该关注与学生的对话。

（一）说理

说理就是"动之以情，晓之以理"，是班主任影响学生的重要手段。很多班主任注重"说理"，认为学生犯错是因为不懂道理，一旦说明白了，学生就一定会认错，然后就改正。但是，事情并非如此简单。

1. 说理教育的形式应该追求多样化

现在较为常见的现象是老师往往把说理看成自己对学生的单向训导，而不是双向交流，于是说服学生的姿态就和授课差不多了。许多班主任对说的期望过高，看不到说理的局限性。事实上，学生的问题只有一部分是认识错误造成的，只有这一部分能用"晓之以理"解决。班主任如果只会这一招，那就等于使用单一武器对付多种多样的问题，肯定是难以应对的。

也就是说，"说理教育"不是万能钥匙，只适宜于由于认识模糊或错误引起的偶发或初始行为，且只适用于这种行为的改变并不需要太多意志努力的情况。另有一点必须指出，说理教育的形式应该追求多样化（讨论式对话、辩论等），尽量避免单向输入式的"晓之以理"。对那些已经成为习惯或与人格特征相关的不良行为以及心理问题导致的不良行为，说理教育并不是理想的选择。

2. 运用说理教育应注意的主要原则

教育的真谛不是"输入真理"，而是"组织教育生活"。班主任的主要任务不是宣讲真理，而是创设各种有助于学生成长的情境，让他们体验人生。因此，要运用好说理这一手段，班主任就应注意以下几条原则：

（1）教师的语言必须提供新信息

也就是说，在说服学生时，必须说出学生没听说过、没想到过的东西，否则谈话信息量等于零，难以达到说服目的。有些班主任找学生谈话，学生早就知道教师会说什么、怎么说，甚至连教师的语调都能准确预报。

（2）要从学生实际出发，而不是从教师的看法出发

说服并不是教师向学生宣讲自己的正确观点，以置换学生脑子里的错误观点，而是应该先倾听学生的观点（不管正确与否），然后从这个观点出发进行讨论，帮助学生认识到自己观点的不同层面，并加以调整。

（3）要把说服和必要的处理分开

也就是说，说服只解决认识问题，说服中不动用权力。比如，学生对他人施暴，教师在说服的时候，不要提处分、惩罚等事情，只全力帮学生分析施暴的心路历程，让学生了解自己为什么会这样行事（这不是偶然的，一定合乎他本人的性格逻辑），找到解决办法。至于该不该给纪律处分，必须单说，不要和说理过程搅在一起。

（二）对话沟通

班主任班级管理的过程是在跟每一位学生进行密切交往的过程。交往是活动的基本形式，亦是人的基本的精神需要之一。交往不是静态的社会关系的总和，而是动态地表现出来的主体之间的相互作用。

1. 教育中师生交往的内涵

所谓交往，就是共在的主体之间的相互作用、相互交流、相互沟通、

相互理解，是人基本的存在方式。人正是在交往中，在与他人的互动中生活着，并通过交往学习生存所需要的知识、技能、经验等，形成积极的人生观和主动的生存方式，实现全面发展，获得价值提升。在这一意义上说，师生交往是学校中师生生活与学习的基础。在师生交往中，教师与学生共享着在交往中形成的丰富资源，并利用这些资源改造自己的生活，学习一切有利于自身发展的内容，不断探究生命真谛，不断完善自己。与一般的交往相比，师生交往在交往主体、交往目的、交往内容以及组织方式等方面有着很大不同。如果说一般的交往带有一定的自发性、盲目性、自在性和无意识性，那么师生交往则在促进人的发展，使人成为人的目的上具有了高度的自觉性。值得强调的是，师生交往的意义绝不仅是作为教育或教学活动的背景、条件、手段，它的价值也不仅是完成教学任务、促进知识教学的工具性价值。师生交往的深层意义在于使置身其中的每一个人，把经过交往形成的知识、经验、精神模式、人生体验等作为共享的生存资源，在智慧、情感、意志、精神等方面获得全面发展，使每一个人不断获得完善自身、自我超越的动力，使自己不断成长。

2. 教育中师生交往的本质属性

教育中师生交往的本质属性是主体性。交往论承认教师与学生都是教育过程的主体，都是具有独立人格价值的人，师生在人格上完全平等，即师生的价值平等，没有高低、强弱之分。在交往中，教师与学生作为有意识的、具有平等地位的人，理应相互尊重彼此的独特个性，自由而持久地交换意见，共享不同的个人经历、人生体验。在交往中，教师与学生共同学习民主和平等的观念，学习尊重差异、尊重生命。在相互对比、评价中发展自我意识和主体意识，形成对世界及其与自己关系的新认识。由此，教师与学生之间就形成了真正的人与人的关系。在这样的师生关系中，学生会体验到平等、自由、民主、尊重、信任、友善、理解、宽容、亲情与关爱，同时受到激励、鞭策、鼓舞、感化、召唤、指导和建议，形成积极的、丰富的人生态度与情感体验。

3. 以交往与沟通为特征的教育常常要借助"对话"实现

所谓"对话",是指师生基于相互尊重、信任和平等的立场,通过言谈和倾听而进行双向沟通的方式。也就是说,对话不仅是指二者之间的言谈,还指双方内心世界的敞开,是对对方真诚的倾听和接纳,在相互接受与倾吐的过程中实现精神的相遇、相通。师生对话的核心,是师生作为平等主体之间的坦诚相见;是师生双方共同在场、互相关照、互相包容、共同成长的关系。师生对话不仅是师生之间交往的一种方式,更是弥漫、充盈于师生之间的一种教育情境和精神氛围。在对话中,教师和学生都为教育活动所吸引,共同创设交往的情境,他们平等参与、真诚合作、积极创造共同成长的精神氛围。我们在这里所说的"对话"不只是言语的应答。对话强调的是双方的"敞开"与"接纳",是一种在相互倾听、接受和共享中实现"视界融合"、精神互通,共同创造意义的活动。教育中的"对话"需要班主任具备民主的精神、平等的作风、宽容的态度、真挚的爱心和悦纳学生的情怀。

4. 对话的要素与误区

对话第一个要素是平等。师生之间要平等交流、平等沟通。居高临下、盛气凌人,就无所谓对话。作为一名现代教师,应该清醒地认识到,尽管"闻道有先后",能力有高低,但教师和学生在人格上是完全平等的。只有树立了师生平等的观念,教学过程才能真正成为一种师生平等对话的过程。对话的第二个要素是相互尊重。教师要尊重学生,学生要尊敬教师。对话的第三个要素是双向互动。我们所讲的"对话",要求参与对话的双方或多方,彼此走进对方的心灵世界,以智慧开启智慧,用情感激活情感,用心灵碰撞心灵。

在实践中,对话教育要防止几个误区:①交谈就是对话。对话一定是通过交谈,但交谈不一定是对话。我们这里所说的"对话",不仅是指各方之间的言谈,还是指各方的内心世界的敞开,是对对方真诚的倾听和接纳,在相互接受与倾听的过程中实现精神的相遇相通。也就是说,对话是各方相互理解的过程,这是质的方面的要求。②对话越多越好。这里存在一个量的问题，我们不能为对话而对话，否则就会走向形式主义。如果对话各方抱着真诚的态度，互相表现出了敞开、接纳、理解和包容，精神上都得到了提升，就达到了目的。如果各方互有戒心，不能坦诚相待，纵使有再多的对话，也起不到很好的效果。③对话的目的是凝聚共识。人们认为，在对话过程中，特别是在师生的对话中，如果盲目地同对方唱反调，就会伤害对方的感情，所以要尽量达成意见一致。人们认为对话的目的就是达成一致，这是一种偏见。因为对话不是为了消除差异、排斥异己，而是为了更好地理解和珍视差异。这些不同观点正说明了问题的复杂性，说明有对话的必要与可能。

三、倾听与表达

班主任在与学生交谈时如果自己总是不停地讲话，是起不到良好的教育影响作用的。交谈就是在自己讲的同时要听对方讲。倾听他人的谈话是对他人的关心和尊重，因此越是善于倾听他人意见的人，其人际关系往往就越理想。在认真倾听的同时，进行适当有效的表达，往往能起到意想不到的教育效果。

（一）倾听是一种素养

倾听别人说话是有效沟通的第一技巧。懂得倾听，不仅是关爱、理解，更是调节双方关系的润滑剂。心理学研究表明，人在内心深处都有一种对得到别人的尊重的渴望。

1. 善于倾听是班主任的素质基本

倾听是一项技巧，更是一门艺术。学会倾听应该成为每个人的一种责任、一种追求、一种职业自觉。倾听是一名优秀班主任必不可缺的素质之一。最有价值的人，不一定是最能说的人。老天给我们两只耳朵一张嘴巴，本来就是让我们多听少说的。善于倾听是成熟的人的基本素质。

2. 班主任在倾听时要注意的问题

（1）诚心相待

对谈话对象不能冷淡，要协助对方把话说下去，要平心静气倾听对方说话。倾听他人的谈话绝不等于始终沉默，冷落了对方。这就需要我们学会在聆听他人讲话过程中不时插话——学会插话。轻易、武断地打断对方的讲话是极不礼貌的。当自己不满意对方讲话时，应持有"让人讲话，天塌不下来"的心态，不必急躁，应找机会讲出自己的见解。在倾听他人讲话的同时，恰当地插话会引起对方的注意。但前提是礼貌、不违反对方意愿地提出话题。假如在对方讲话中贸然插入"请让我插一句……""请打断一下……"，会使对方感到被轻视或引起其他不愉快的事件。倾听对方谈话的同时，恰当、得体地使用肢体语言做出得体的反应是对他人尊重的表现，能刺激对方更全面地表达自己的需求和谈话重点。

（2）专心倾听

倾听他人的谈话是细致了解对方的手段。要全神贯注，集中注意力；要洞悉谈话人话语的真伪；要弄清楚谈话者的原意。"倾听"也可称为"聆听"。倾听他人讲话的同时思考自己的想法和将要表达的言辞，不断梳理自己的认识思路，并在适当的时机表达自己的看法和意见。这样既显示出尊重他人的礼貌和礼节，又会给他人留下良好的印象。需要注意的是，从对方谈话的内容、声音、神态等方面可以进一步了解谈话者的心情、个性与爱好。倾听他人的谈话也是对他人适度的称赞，表明没有轻视他的谈话内容，情感上没有去冷淡，这样则会达到一种"共享"的境地。

（二）表达是一种力量

班主任在与学生日常交往中应尽量避免对学生进行消极的评价。在日常人际交往过程中，适当地赞美他人是必不可少的。赞美是人际沟通的润滑剂。没有人能够拒绝甜蜜的呼唤，每个人都需要得到别人的接纳和认可，最能体现这种认可的方式就是由衷的赞美。赞美能使人心情愉快，能使人学会自我接纳，更能学会去欣赏别人，培养合作意识。"语言就是力量。"教师一定要努力提高自己的语言修养，练就一副好口才，真正做到平字见奇，句句见珍，以便清晰、明快地表达丰富而深刻的内容，能够以广阔的思路开发学生的智慧，引导学生健康成长。

四、表扬与批评

在表扬与批评这对矛盾中要提倡以表扬为主,但并不等于只要表扬,必须要有批评的补充。表扬与批评是一对矛盾,但又是互相促进、相辅相成的。

(一)要讲究表扬的艺术

表扬是一种十分重要的教育手段,富有经验的班主任在实际工作中都能体会到,科学、合理地使用表扬的手段,使之真正起到鼓励先进、树立榜样的作用,在此基础上的批评才更有震慑力。

1. 不能过分夸大表扬的作用

表扬本来是很多教育方法中的一种,可是有人把它单抽出来,孤立地加以吹捧,好像它已经脱离批评、惩罚、说服、心理治疗等教育方法而独立存在。表扬、赏识赞美被吹成了灵丹妙药,包治百病。人的本性中确实有一种根深蒂固的需要,那就是希望受到赞扬、得到肯定,希望别人承认自己的价值。有些班主任确实忽略了学生的许多优点,把它们视为理所当然而不去表扬加以强化,结果往往适得其反;而对于学生的任何缺点都视为反常,迅速加以指责。所以,班主任一定要当心,避免表扬被品牌化、巫术化、简单化、形式化、表演化。

2. 恰如其分的表扬是应该提倡的

班主任们应该深思:为什么常常对学生的退步比较敏感,立刻做出反应,而对学生的进步总是比较麻木,不加注意、不加表扬呢?班主任工作到底是培养学生成才,还是只管维持秩序呢?人的认识在反映客观事物时总是带有主观色彩,如果习惯于看事物的阴暗面,就总是观察不到学生有可表扬的地方。如此容易形成思维定式,那是很可怕的。

3. 表扬需要讲究艺术

表扬绝不是随便夸奖,不可简单化、表面化。如果表扬面很窄,总停留在表面现象,如不迟到、不早退、分数高、上课不说话、认真完成作业等,表扬方法不加变化,时间长了,学生就会厌烦。班主任要善于发现学生的优点，特别是那些连他自己都不曾觉察的优点，以免使表扬长时间停留在低层次的简单重复上。有的孩子有同情心，有的富于正义感，有的思维敏捷，有的质朴诚实，有的孝敬父母，有的善解人意，有的长于人际交往，有的办事果断，有的意志坚强……凡是社会公认的好品质，都在表扬之列，而不能只围绕着学校的常规管理。增加表扬的教育色彩，减少表扬的管理色彩，是必须注意的一个问题。此外，班主任要警惕学生"表扬中毒"。教师、家长如果一味用夸奖的办法，久而久之，学生就只能听赞扬，听不得一点批评了，这就是"表扬中毒"。表扬也好，批评也好，都是为了帮学生更准确地认识自我，既然如此，就必须实事求是。无论夸大优点还是夸大缺点，都会蒙蔽孩子，不利于孩子的健康发展。

（二）要讲究批评的技巧

班主任要树立威信就必须掌握批评学生的艺术。批评是思想教育的一种重要手段。正确地运用这一手段可以帮助学生认识并改正错误。班主任所面对的是天真活泼但心理承受能力脆弱的学生，要使批评达到一定的效果，就要同他们心理相融、感情相通。这就必须分析和研究被批评学生的心理状态和特点，掌握批评的艺术，将各种消极因素消除在萌芽状态中，或将消极因素转化为积极因素，规范学生的言行，净化学生的心灵。

1. 批评的根本目的必须清楚

批评是教师对学生施加影响的一种不可缺少的重要方式。要利用好批评，班主任就要先搞清楚批评的根本目的。批评对于被批评者来说有两种作用，一种是改变被批评者的外部行动，另一种是改变被批评者的想法。教师批评学生的根本目的就是改变学生的想法。现在有不少老师只满足于用严厉的态度、锋利的语言暂时制止学生的某种错误行为，而没有考虑或很少考虑自己的批评是否在学生心中产生了作用。因为批评的质量不高，只好以数量取胜，于是批评就会越来越多。

一些班主任之所以对学生批评过多，原因在于不明白批评的根本目的，不善于控制自己的情绪，缺乏自我批评精神。建议这些班主任试着开展"无批评日""无批评周",与同学一起改变一下习惯思路。可是,有的学生提醒不管用,说理他不听,理解不领情,表扬不动心,只认批评,批评轻了还不行,必须强刺激,才能管用。这种现象是学生受的批评太多造成的,可以称为"批评中毒"。这时班主任必要有耐心,千万不要认定这个学生不可救药而加大刺激。挨批评和吸烟一样,也会"上瘾"。不能因为戒烟困难就认为吸烟合理,同样不能因为某学生不狠批不管用就认为经常训斥是正确的。必要的批评永远不会废止,不过,班主任要把批评减到最少并注意讲究批评的技巧。

2. 批评学生贵在打中要害

老师批评学生,贵在打中要害。如果批评只在表面上做文章,只考虑让学生行动上听指挥就行,而没有着眼于引起他思想的变化,严格来说,这不是批评,而是制止;不是教育,而是呵斥。批评若不能引起学生的自我批评,它的含金量就是很低的。有些班主任对学生的"批评"只是自己心理能量的释放,这叫发泄,与批评无关。

3. 批评的基础是掌握事实

一切批评都必须建立在充分掌握事实的基础之上,有的学生为了避免老师对他的"惩罚",往往不承认自己的错误。老师没有事实根据,空讲几句批评的话就达不到使学生改正错误的效果。反而让学生觉得可以瞒天过海,反复犯错,甚至是变本加厉。只有掌握了事实发展的前因后果,批评才会有针对性,批评效果才会更好,也会让学生心服口服。

4. 批评的前提是尊重爱护

现在的学生很多是独生子女,也有部分学生是在单亲家庭里成长。这些学生的自尊心和其他学生同样强烈。而后进生的自尊心更是强于其他学生,后进生的内心深处仍有上进要求,渴望得到老师和同学的理解和帮助。因此,在批评学生的时候既要讲原则,不迁就其错误的思想行为,又要讲感情,尊重他们的自尊心。这样,被批评的学生就不会感到自己是在挨骂,而是在接受教育,他们会从心里感激老师对自己的关心和爱护。正所谓"亲其师，而信其道"。教师的话语他们会听到心里，并努力地做好。这样，我们的批评效果也就达到了。

5. 批评要对事不对人

在现实中，许多班主任批评学生时会把这个学生以前所做的错事一起提出来，并经常武断地对这个学生做出某种评判。其实这样会适得其反。学生会觉得班主任不喜欢他，有的学生甚至认为是在报复他以前所犯的错误，那么学生的逆反心理就出现了：我就是要多惹是生非，看老师能奈我何。所以，班主任批评学生时，要只对事而不对人。总之，批评有法，但无定法。教育者必须恪守尊重学生、爱护学生的初衷。尽管批评未必会让学生有切肤之痛，但能从尊重学生、爱护学生出发，学生最终会领悟老师的用意。善用批评这一教育方式会与表扬有异曲同工之效。

6. 批评的方式需要因人而异

不同学生有不同个性，因此批评学生的方式也应有所不同。对于性格内向、自尊心强的学生，教师应采取"温和式"批评；对于脾气不好、自我意识强的学生，教师应采取"商讨式"批评；对于无意识过失或初次犯错误的学生，教师应采取"容忍式"低调处理；对于屡教不改的学生，教师要认真分析原因，对症下药，切不可对学生失去信心。

五、奖励与惩罚

奖励对学生的某种行为给予肯定，对人的行为起"正强化"的作用，使学生在心理上产生一种积极向上的情绪。惩罚对人的行为起"负强化"的作用，它使学生认识到自己的错误和缺点，并吸取教训，克服自己的不良行为习惯。奖励与惩罚都是影响学生成长的重要手段。

（一）奖励要适度

奖励作为一种教育手段，要从实际出发，不宜滥用；要留有余地，不能过头；要注意全班的情绪，尽可能取得集体的支持。班主任对学生的评价只有与大多数同学的评价基本吻合，取得集体舆论的支持，才会起到激励个人也激励集体的作用。

1. 赏识是最重要的一种奖励形式

奖励的形式有奖赏、表扬、赞许和赏识等，不管运用哪一种形式，都要注意适度的问题。这里特别强调一下赏识这一奖励的形式。渴望获得他人的认同、赞赏是每个人的心理需要，所以我们要善于赞扬和感谢他人，避免轻易批评他人。不只是教师需要学会赏识，一般人也需要学会赏识别人。赏识不是阿谀奉承，不是谄媚，而是对别人的承认和肯定，有利于交往和合作。心理学研究指出，一次成功的喜悦会激起学生无休止的追求意念和力量。

2. 班主任应该成为每个学生的"欣赏者"

新课程的最高宗旨和核心理念是一切为了每一位学生的发展。"金无足赤，人无完人。""优生"有缺点，"差生"也有闪光点，在教师心目中每个学生都应有天才的一面。承认学生的个体差异就是对学生的理解、鼓励和关爱，就能为学生的成长创造宽松和谐的人文氛围。因此，教师应该成为每个学生的"欣赏者"。欣赏的前提是爱，它充满着对学生的尊重、信任、期望等现代的学生观。在教师欣赏的目光中，学生可以得到一种安全感——老师喜欢我、信任我，这是使学生在轻松愉快的心境中学习、成长、生活的重要条件。在教师欣赏的目光中，学生能够得到激励并产生一种无穷的力量战胜困难，这种力量是其他力量取代不了的，它比教师给予的其他帮助更有效。教师应该使所有学生都感到被教师欣赏，坦诚面对后进生和常犯错误的学生。要做到这一点开始会感到有些困难，但正是这部分学生最需要老师的欣赏。学生通过艰苦努力。取得了骄人成绩应该受到赞赏，通过赞赏让他们体会到克服困难、取得成功的喜悦，形成坚定的信念。而对于那些暂时还没有起色或者正在走下坡路的学生，教师们也应该给予更多的赞赏和表扬，并通过实际行动在学习上帮助学生，启发他们的心智，让这些学生在老师的鼓励和期待下，昂首阔步地走上成功之路。尤其是对所谓的"差生""学习困难者"，教师更应该善于及时捕捉他们身上的"闪光点"，并对其"闪光点"予以赞扬。对这些学生而言，一两次别开生面的欣赏是沙漠里的绿洲、久旱的甘霖。这会激发他们身上的潜能，让学生在充满鼓励与期待的沃土中成长，从而取得事半功倍的教育效果。

3. 赞赏学生是班主任从事教育的金钥匙

赞赏学生是教师从事教育的金钥匙。每一个学生都有长处，那就是他成才的方向。作为班主任，应学会赏识，但值得注意的是，对学生的赞赏也要有分寸，绝不能过分，否则就会产生反作用。因此，对学生的赏识和夸奖要发自教师的内心，应该是诚恳和自然的，要恰到好处而不是漫无目的。要做到这些，就要求我们怀着一颗爱心，用教育的智慧，去观察、去发现、去理解每一个学生。具体而言，教师应学会欣赏每一个学生，欣赏学生的每一个闪光点。

赞赏是对他人行为的一种鼓励和肯定，方式应该是各种各样的，但应以精神激励为主。精神激励可以体现在老师的言谈举止、情感交流，人文关怀中。例如，投以一个肯定的眼神，给予一个赞许的微笑，道出一声赞美的言语，给其再来一次的机会，或是一阵热烈的掌声等，能使学生感受到一种真诚的温暖。无论教师运用哪一种赞美的方式都应该蕴藏着教育的智慧，应该避免那种老生常谈式的赞语和"礼物奉送"式的奖励。在平庸中捕捉亮点，在平凡中发现优点，把这份赏识和期待巧妙地传递给学生，这应该成为为人师表者追求的境界。让表扬和赞赏成为学生成长中的雨露和阳光，成为学生学习和发展的动力，成为学生生活中的必需品而不是奢侈品。

（二）惩罚需慎用

惩罚是班主任影响学生的重要手段，但是关于惩罚争议很大。在网上搜索"教育惩罚"会看到很多文章。有的喊"放下你的鞭子"，有的认定"没有惩罚的教育是软弱的教育"，有的论述"惩罚与赏识同样重要"，有的主张"让惩罚更加美丽"……教育惩罚不是需要与否的问题，更不是存在与否的问题，而是一个规范化、具体化、情境化的问题。

1. 必须坚持适当又必要的惩罚

一些适当又必要的惩罚是必须坚持的。比如，没收物品。学生上课玩东西，屡次提醒无效，或者学生把学校禁止的物品带进校园，教师有权没收。但是，一定要注意，上课没收的东西，一般下课就要归还，一时不便归还的，要明确告诉学生何时归还。所谓没收，只是暂为保管而已，不管物品价值高低，教师不可忘记归还学生。有些不该还给学生的物品，如刀子，要通知本人后上交学校。又如，调离座位。对个别特殊的学生，调离原来的座位，换一个靠前（便于教师监督）、靠后或单独（不易影响他人）的座位，这种惩罚方式也是必要的。此种惩罚的意图可以明确告诉本人，但是最好不要在全班宣布，以保护孩子的自尊心。要注意的是，新座位一定要保证学生能正常学习。如果学生是近视，就不能把他调到后面去，即使他经常不注意听讲也是如此，否则就有放弃之嫌，会激化学生、家长与班主任的矛盾。再如，道歉与赔偿。损害他人利益，道歉是应该的；损害他人东西或财物，赔偿也是必要的。要注意的是，不一定非要当时、当场道歉或赔偿。因为人在冲动的时候难以认错，如果非要学生当场道歉或赔偿，可能会激化矛盾。

2. 坚决反对并禁止不适当的惩罚

一些不当的惩罚是一定要禁止的。比如，讽刺贬损、打骂体罚、侮辱性惩罚、公布隐私、孤立犯错者、不平等惩罚、无关联惩罚、学生"连坐"、家长"连坐"等。什么样的教师会让学生一辈子感激，一辈子难以忘记？不是那些以刺激学生脆弱的心灵促使他们"觉悟"的教师，也不是那些动辄冷言讥讽，孤立学生，让他们早早体验"师心"冷暖的教师，更不是那些将分数凌驾于一切之上，将学生分成三六九等的教师，这样的教师在学生心里留下的只有恨，只有难以摆脱的自卑阴影。更可怕的是，这种阴影将在学生的一生中如影随形。也许正因如此，他们不再自信、不再开朗，不再接受爱，也不再懂得付出爱。要培养学生的人文精神，教师自身就应树立起正确的人文精神的教育观。只有关心尊重学生，才能使学生的道德和智慧得到更好的发展。

总之，班主任对学生的适当惩罚是必要的，但不能乱来。惩罚要从教育的愿望出发，不能对学生采取一概否定的态度，还要考虑是初犯还是屡教不改，要针对不同情况采取不同的惩罚措施。同时，惩罚要适度，不能过头，不宜滥用。如果用得过多，就会损害学生的自尊心和进取心，从而失去教育意义。在当前的中小学，不敢理直气壮地惩罚学生和任意惩罚学生两种现象并存，根本原因就是惩罚缺乏规范，处于失控状态。改变这种状况的方法应该是大大方方地把惩罚作为一个科研课题认识讨论，不要回避它，要制定出具体条文规范惩罚。这样可以使班主任有所凭依，少犯错误，让惩罚成为一件重要的教育"武器"。

六、榜样与威信

榜样是班主任影响学生的一个重要手段，我们绝不能放弃这个武器，问题是要学会正确和巧妙地使用这个武器。威信也是班主任影响学生的重要手段。同样一句话，一名威信高的老师给学生的印象更深刻。所以，在教育学生的过程中，不知不觉地发挥榜样的表率作用，让威信产生潜移默化的深刻影响是相当重要的。

（一）榜样——不知不觉的表率作用

身教重于言教，班主任的一言一行对学生起着潜移默化的作用。在学生的心目中，班主任应该是一切美好的化身，是自己仿效的榜样。

1. 榜样的巨大影响作用

每位班主任要极其注意自己在学生心目中的个人形象，包括衣着朴素、仪表端庄、举止从容、办事认真踏实、谈吐文雅含蓄而富有人情味、待人谦虚谨慎。这会给学生一种明朗而愉快的感觉，可敬可爱的形象往往直接给学生以深刻的影响。

2. 以身作则应成为班主任的本色

榜样在什么情况下比较容易被学生接受呢？与学生的价值观比较一致时，与社会风气比较一致时，与学生的"重要他人"的看法比较一致时、推荐榜样而不是命令学生学习某个榜样时，通过学习榜样能得到快乐时。特别值得一提的，就是班主任的榜样作用，即所谓的以身作则。我们不应该把以身作则只看作带动学生的手段,而应该看成教师的本色。教育如果不与教师的自我教育相一致,就不是真正的教育。教师不刻意给学生做榜样而不知不觉地起了表率作用,是最理想的。班主任千万不要只是从书本上找来古今中外的名人给学生做榜样,请别忘了自己时时刻刻在给学生做着榜样。

(二)威信——潜移默化的深刻影响

班主任工作是学校管理工作中的一个重要组成部分。一个班级的班风很大程度上取决于班主任的管理水平。虽然每个班主任可以有很多方法、理论去管理班级,但效果如何,措施是否适当,这些都与班主任的威信密切相关。

1. 班主任威信高低直接影响班级的管理效果

如果班主任威信高,学生就会信服并乐于执行各项措施,班级工作就好开展;相反,如果班主任威信不高,师生感情淡漠,学生有抵触情绪,各项工作就不能顺利实施,那么班级的凝聚力和班级良好学风的形成就成了空中楼阁。因此,如何树立班主任的威信是每个班主任必须面对的重要问题。现实中有不少班主任的思路有问题。发现自己的威信不高、说话不灵的时候,他们第一个反应不是想想自己,而是怒气冲天,怨传媒给教师抹黑,怨教师社会地位低,怨上级不重视教育,怨自己年轻,怨校长不给自己撑腰,怨同事拆自己的台……似乎这些问题解决了,他的威信就一定会很高,学生对他的话也就必听无疑了。还有的班主任看见别人的威信比自己高,不去仔细研究人家的优点,却说风凉话:"不行啊!我哪有人家会拉拢人啊!""咱们死心眼,公事公办,当然得罪人了!""学生势利眼,我有什么办法!"这些话也可能有些道理,但对提高自身威信并没有用处。班主任只有努力提高自己的人格魅力与专业能力,才能不断地提升自己的威信,并通过威信潜移默化地影响学生。

2. 班主任威信的三个来源

班主任的威信主要有三个来源。①人格魅力。班主任是一个人,他的个人魅力是作为班主任有没有威信的人格背景。如果他作为一个人不能讨人喜欢，不能让人有所钦佩，那么他作为班主任也难有威信。学生最重视班主任人格魅力的哪些方面呢？亲和力、善于倾听、善于站在孩子的角度想事情（换位思考）、公平公正、温和而诚信、宽容和耐心、乐观开朗、幽默风趣等。②职务权力。班主任身份带来某种"威慑力"，这是很多班主任维持自己威信的手段。这种班主任的特点就是热爱权力，当威信降低的时候，他们总是归因于手中权力太小，在他们心目中，权力和威信是成正比的。其实，"乌纱帽"带来的威信是临时的，靠不住的。为什么有些优秀教师不当班主任了，仍有很高的威信？为什么许多学生毕业很久了，仍然会常常看望当年的班主任，而且遇事愿意听听老师的意见？因为这种班主任在学生心中有真正的威信。这种威信来源于班主任本人的内在品质和能力，而不是外部赋予的权力，不是"乌纱帽"。③专业能力。作为班主任教师，专业水平的高低直接影响着自己的威信。因此，每个班主任教师，在有过硬的专业知识功底和完善的知识结构的同时，要不断地充实自己，要了解其他相关专业的知识，要通过各种渠道获得各方面的最新信息，对新概念、新思潮正确地加以分析。在教学中要勇于改革，大胆创新，使学生形成强烈的求知欲望。同时，对相关学科的点滴知识信手拈来，也会让学生佩服、称道。这样，班主任就被看成智慧的化身，自然而然地赢得很高的威信。相反，一个班主任没有真才实学，对自己的专业都不精通，经常对学生提出的疑问不能解答，长此以往又怎能让学生信服和尊重呢？又怎能树立起班主任的威信呢？经验告诉我们，如果班主任教育教学能力不强，则不管他脾气多么好，他的威信也不会很高。所以，有专业能力才有专业尊严，才有真正的职业威信。总之，班主任的威信形成取决于许多因素，但最根本的在于本人的长期实践和主观上的努力。教育不是立竿见影的事情，班主任的威信也是在教育过程中潜移默化形成的。

第四章　中小学班级教育管理

第一节　班级教育与管理

一、班级的功能及其教育管理的意义

（一）班级的功能

顾名思义，班级的功能就是班级具备的能力以及依靠这份能力发挥出的作用。班级具有教育功能，它是学校教育的承载者。班级的教育功能主要体现在三个方面，具体如下。

1. 班级的社会化功能

班级是一个复杂的动态系统，由班级教育管理活动的主体、班级教育管理活动的过程、班级教育管理活动的环境以及多种因素组成。在班级系统中，各种要素的矛盾运动都涵盖着社会化的影响因素，具有促进学生实现个体社会化的积极影响，社会化是学生从自然人向社会人发展的过程，也是学生从不成熟到逐渐成熟的过程。对于学生而言，班级是实现个体社会化的重要场所，通过班级学习、班级交往、班级活动等途径，对学生实现个体社会化具有促进作用。具体而言，作为学校基础教育教学单位的班级，以教育教学目标为中心，营造教育化的以学生为主体的社会，通过知识传授、人际交往、各种活动等的开展，结合班级的班风、舆论、目标等对学生的影响，为学生提供一个良好的教育教学环境，促进学生个体社会化的实现。

2. 班级的个性化功能

个性指的是在一定的社会历史条件下，以个人的内在生理素质为基础，

通过一系列的社会实践活动,逐渐形成的心理特征与意识倾向。促进学生个性的发展,不仅是班级固有的功能,而且是社会发展对教育提出的新要求。社会学研究告诉我们,班级是一个典型的社会组织,学生在其中进行学习、交往等活动,扮演不同的角色,承担不同的责任。这些使学生产生不同的体验,对其个性的发展产生了不同的影响。所以,教育者指出,班级是学生个性的发源地,是学生成长的舞台,在这个舞台中,学生的个性得到最大限度的展现。同时,由于班级丰富多彩的学习活动、兴趣活动等,为学生个性发展提供了极为有利的条件。学生能在班级教育管理者的指导下,根据自己的兴趣爱好,参加自己喜爱的活动,在活动中接受教育锻炼,获得个性的发展。

此外,在班级不断完善的过程中,班级的自治职能将得到加强,通过班级的自我管理、自我教育,学生的自我管理能力会有所提升,自我意识会得到发展,对学生的个性发展具有积极的促进作用。同时,对于学生而言,班级的学习与生活既是新鲜的,又是富有挑战性的,在适应新的生活、面对新的挑战时,学生勇于进取、不屈不挠、不畏艰难等内在品质也会有相应的发展。实践证明,很多学生的个性和特长的发展是在班级活动中逐步实现的。班级为学生个性的发展提供了广阔的天地,创造了很多有利的条件。

3. 班级的整合功能

班级的整合功能是指班级这个独特的教育实体对班级目标、班级组织、班级活动及班级的教育影响力具有整体优化组合、综合发挥效力的作用。具体说,就是班级对来自社会、家庭、学校等各方面的要求进行整合,调动一切积极力量,将其整合成一个合力网络,形成一种综合的教育力量作用于学生,从而发挥班级最大的育人功能。

(二)班级教育与管理的意义

班级是学校教育的主要场所,是现代学校教育系统的重要组成部分,是学校开展教育与管理工作的载体,也是学生通过教育教学来实现个体社会化不可缺少的组织。班级不仅是一种社会组织形式,还是教育实体和社会实体的整合。加强班级教育与管理对于学校教育目标的实现和学生身心素质的全面发展具有重要意义。

1. 有助于学校教育管理目标的实现

班级是学校教育与管理工作的基层单位,学校教育管理目标,通过层层分解展开后,最终落实到各个班级;学校教育效益、教学质量和管理绩效的提高,是以各个班级完成学校赋予的任务,实现学校分解的目标开始的。各个学校通过班级,贯彻自己的教育意图,开展各种教育培养与塑造活动,以实现学校的培养目标,造就大批德、智、体、美、劳多方面发展的不同类型和层次的人才。如果每个班级的教育与管理工作都能做好,也就为办一所好学校打下了坚实的基础。也就是说,学校教育管理的起点和终点都是班级教育管理。只有班级教育管理目标得以实现,才能确保学校教育管理目标的实现。只有做好班级教育和管理,才能为学校全面实现教育管理目标提供可靠的保证。因此,加强对班级的教育和科学管理,对实现整个学校教育管理目标有着重要的意义。

2. 有助于促进学生身心的全面发展

学生身心的全面发展是指学生德、智、体、美、劳的全面和谐发展。班级是学校开展教学和其他教育活动的基层组织。班级教育与管理是保证班级这一教育实体发挥其育人功能的关键因素,直接关系到育人工作的成败。在班级教育管理实践活动中,教育主体依据学生身心素质变化发展的规律以及社会发展对人才素质的期望要求,开展多种多样的班级活动,进行班级文化建设,不断改进教育教学方法,提高教育教学的质量和效率,用不同形式塑造学生的心灵与个性,丰富学生的精神世界,培养学生的自我教育和自我管理能力,形成学生正确的信念、价值取向、态度和优良的思维方式及行为方式,从而促进学生身心全面、和谐地发展。这既是班级管理的追求目标,又是班级管理的价值所在。

3. 有助于教学效率和质量的提高

学校教育实际上是由教学活动和教学以外的其他教育活动构成的。教学活动是学校的中心工作,而教学活动的实施主要是以班级为单位来进行的。实践表明,一个班级学生的学业成绩的好坏,不仅取决于教师的教学水平,也取决于学生的学习积极性。通过科学的班级教育和管理,养成学生良好的学风和课堂纪律,优化学习环境,对提高教学效率和质量具有显著的成效。因此,加强班级教育与管理对提高学生的学业成绩具有重要意义。

4. 有助于各种教育力量的整合和协调

班级是学校的一个基本单位,它和学校的任课教师、学校各部门、家庭乃至整个社会都发生着密切的联系,校内外的各种因素通过班级对学生产生整合的影响。因此,要实现学校的育人目标,必须整合学校、家庭、社会的各种教育力量。要做到这一点,必须加强班级教育与管理,通过班主任的日常工作,协调各种教育影响,整合各种教育力量,使各种教育影响和力量朝着有利于学生发展和教育目标实现的方向发展。

二、班级教育与管理的内容与基本要求

（一）班级教育与管理的内容

班级教育与管理的内容涉及学生班级生活的各个方面,概括起来主要有了解和研究学生、课堂教学管理、班集体的组织与培养、班级日常教育与管理、学生的个别教育与管理、班会活动的策划和组织、学习指导和操行评定、偶发事件处理和问题行为的矫正、心理健康与青春期教育、教育力量的协调等多个方面。

1. 了解和研究学生

全面、及时、客观地了解和研究学生是班级教育与管理工作的前提和基础,只有了解学生,掌握丰富的资料和信息才能科学地教育和管理学生,有效地促进学生的发展。作为班级教育与管理者,应该努力掌握了解和研究学生的方法,对学生和班级做出及时、科学的了解和研究。

2. 课堂教学管理

学习是学生的中心任务,课堂是学校教育的主阵地,课堂教学是学校

教育活动的主要形式，因此，加强课堂教学管理是班级教育与管理的重要内容。教师尤其是班主任作为班级教育与管理者，要认真分析研究班级课堂教学的现状和存在的问题，弄清学生课堂学习和生活的状态，了解学生课堂学习的心理特点和需求情况，掌握课堂管理的基本策略和当代课堂管理的变革走向，从而提高课堂教学的有效性，促进学生的学习和发展。

3. 班集体的组织与培养

对于班主任而言，班集体的组织与培养是其需要肩负的重任。班集体既是学校教育的主要对象，又是促进集体主体思想发展的有力组织形式。随着班集体的不断优化与完善，学生将会获得更好地实现个性发展的条件与机会。由于班级是由学生个体组成的，因而难以自发形成集体，班集体的形成是班主任和任课教师集体按照教育规律和原则进行科学教育和管理的结果。

4. 班级日常教育与管理

班级教育与管理是通过大量的日常性工作进行的，内容涉及制订班级工作计划，对学生进行日常规范教育，非正式群体的教育与管理，班级思想品德教育，班级体育、美育、智育的管理，班级课外活动、生活卫生的管理与指导等各个方面。由于这方面的内容广泛多样，因此，班级日常教育与管理成为班主任工作的重要内容。

5. 学生的个别教育与管理

班主任除对班级集体进行教育和管理外，还必须针对不同学生的个性差异进行个别教育和管理。学生的个别教育与管理不同于集体教育，它不是面向全体，而是面向个别，它是班主任根据学生个人的特点、需要和问题单独进行的教育管理活动，是集体教育的补充和深化。做好不同类型学生的个别教育是十分重要的，它便于有的放矢，因材施教，便于系统和深入地做好学生个人的思想工作，也易于被学生接受。

6. 班会活动的策划和组织

策划和组织班会活动是班主任进行班级教育管理的重要内容。策划科学、组织有效、系统有序的班会活动是班主任教育学生的重要途径，也为学生的成长发展提供了锻炼和学习的机会。因此，班主任要重视提高自己策划和组织班会活动的能力，明确组织班会活动的基本要求、班会活动的内容和形式，掌握策划和组织班会活动尤其是主题班会的方法和技能。

7. 学习指导和操行评定

作为班主任，需要肩负很多重要职责，不仅要引导与指导学生达成学习目标，辅助各科教师完成对学生的教学工作，还要使学生端正学习态度，通过对学习方法的正确掌握，促进学习成绩的稳步提高。因此，对于班主任而言，不仅要具备指导学生学习的能力，还要掌握班级学习指导的方法。操行评定是对一定时期学生在德、智、体、美、劳各方面情况进行的综合评定，它是班级工作的一项重要内容。搞好这一工作能有效地发挥评价的导向、诊断、激励和强化作用，帮助学生正确认识自己操行方面的进步和不足，发扬优点，克服缺点，从而使学生取得更大的进步和发展。班主任要认真做好学生的操行评定工作，提高操行评定的语言和写作艺术水平，增强操行评定对学生发展的激励性，从而使操行评定真正成为促进学生发展的重要力量。

8. 偶发事件处理和问题行为的矫正

偶发事件和问题行为是班级教育与管理中经常遇到的事情。正确处理班级偶发事件和有效矫正学生问题行为是班主任面临的一项重要任务。作为班级教育与管理者，应该认真分析研究班级偶发事件和学生问题行为的特点、性质和成因，掌握处理各类偶发事件和矫正学生问题行为的技能、方法和策略，从而提高自己处理和解决各类偶发事件的能力，提高预防和矫正学生问题行为的有效性。

9. 心理健康与青春期教育

班主任要对一个班的教育负全面责任。班主任在班级学生心理健康与青春期教育中具有独特的地位与作用。班主任要统筹、协调一个班级的心理健康与青春期教育工作。学校开设的品德课、心理教育课、生理卫生课、体育课等都包含着心理健康和青春期教育的内容。班主任应当了解有关内容、了解本班学生的实际情况，协助各科教师做好这方面的工作。同时，心理健康与青春期教育不仅通过学科教育进行，更重要的是通过开展丰富多彩的心理健康与青春期教育活动，才能取得良好的教育效果。班主任要以对学生成长全面负责的精神，努力做好这方面的工作。

10. 教育力量的协调

影响班级学生成长的教育力量是多方面的，有来自家庭和社会环境的影响，也有来自科任教师、学生集体、团队组织的影响。各种教育影响具有一定的相对独立性，它们之间的作用方向可能一致，也可能不一致，甚至相反。因此，班主任必须学习和掌握有关工作技能，做好各种教育力量的协调工作，促成各种教育力量形成合力，从而最大限度地实现班级的教育与管理目标。

（二）班级教育与管理的基本要求

1. 常规性教育管理与阶段性教育管理相结合

常规性教育管理就是通过制定相对稳定的规章制度进行教育管理，比如，制定作息制度、清洁卫生制度、集体活动制度、文明教室公约等。在制定班级制度时，要充分发扬民主，使学生达成共识，做到切实可行，制度一旦建立，就要严格执行，并经常监督，使学生由被动接受变为主动地自觉行动。阶段性教育管理主要是根据某一阶段工作的需要实施的重点教育管理，比如，开学初为学生能迅速转入学习状态所进行的教育管理（如布置新学期的工作等）；期中为迎接教学检查，期末为迎接考试，班主任一般要重点抓几项工作。班级教育管理要把这两方面的工作结合起来。

2. 集体教育管理与个别教育管理相结合

集体教育管理主要是指把班集体作为教育管理对象，并通过集体的行为来影响集体，达到教育管理的目的。比如，确立班级奋斗目标；组织大家制订班级制度并共同监督制度的执行；通过召开班会和组织班级活动来培养良好的班风，充分发挥班集体的教育功能等。个别教育管理是指对班级中每个个体的教育管理，也就是要管好每个学生的思想情操、文化课学习行为习惯和课余生活等。一个班级是由一个个具体的学生组成的，管好每个具体的学生是管好班级的基础，班级教育管理要把集体教育管理与个别教育管理结合起来。

3. 教师教育管理与学生自我教育管理相结合

教师，尤其是班主任，是班级的主要管理者，在班级管理中发挥着主导作用，决定着班级管理的指导思想、模式以及内容和方法，也直接影响着管理的水平。但学生也不只是被动接受管理的被管理者，他们也都具有管理的职能。一方面，班委会、团支部本身就是协助班主任管理班级的职能机构。班主任要充分发挥班委会、团支部的管理职能，不能事无巨细都亲自过问。一方面要信赖班干部，另一方面要帮助他们提高管理的能力。在班级具体事务的管理中，应由班主任唱主角渐渐发展为由班干部唱主角。另一方面，还要教会每个学生自己教育管理自己，即管好自己的思想、学习和生活，使每个人都成为班级的管理者。这里，一个重要的方面是教师要贯彻民主集中制原则，激励并要求学生参与班级教育管理，充分发挥师生双方的主人翁作用，为学生创设有利于主体作用发挥的条件，教会学生参与班级教育管理的方式与方法。

4. 内部管理与外部管理相结合

内部管理主要是指班级内部的管理，对班级内部的学生、财物、事务和时空等的管理。外部管理主要是指班级外部的、不直接以学生为对象，但对学生产生影响的外部因素的管理。这既有班主任校内对任课教师及有关部门的协调，又有校外对家庭教育和社会教育的调控。由于管理对象的不同，外部管理应采取"平等管理"的模式，主要是协调或参与管理。一些班主任不想被麻烦，只抓内部管理，忽视外部管理，这就不能充分发挥各教育渠道的整合功能。虽然内部管理是班级管理的重点，但必须与外部管理结合起来，这样才能发挥教育活动的最佳效益。因为班级管理的成效不是由班主任一人决定的，学校内部的上至领导阶层、下至全面同学，学校外部的各种社会力量，都会对班级管理造成不同程度的影响。因此，在班级管理中，应将协同管理作为基础原则，把各种教育力量协调统一起来，从而产生最大的教育管理效应。

5. 硬性管理与弹性管理相结合

管理是一门科学，也是一门艺术。说它具有科学性，是指它有理可论，有准则可循。尤其是通过制度进行管理，必然要体现"法"的效应，有法必依，执法必严，按章办事，突出制度的严肃性。但班级管理的主要对象是学生，学生是有感情、有个性的、发展中的人，人非机器，所以对人的管理又具有情感性和艺术性的特点，比如，对特长生和特困生的管理有时就要用变通的方式。因此，对班级学生的管理不能教条主义，而要有弹性、灵活性，体现因材施教的思想，把通过制度的硬性管理与通过情感的弹性管理结合起来。

6. 正面教育与纪律约束相结合

在班级教育管理中，始终坚持以说服教育、正面引导为主，以纪律约束为辅，通过二者的有机结合，促进学生的个性发展，这就是正面教育结合纪律约束的意义所在。这是由我国社会主义教育性质和目的决定的，也是由学生思想品德形成的规律和青少年学生的年龄特征决定的。所谓正面教育，是指教师用自己正确的立场、观点、方法去教育学生，用正面人物和典型形象去感染和激励学生。纪律约束是有效地进行教育管理的必要条件，"没有规矩，不成方圆"，学校与班级的规章制度是每一个学生都必须遵守的行为规范与准则，坚持正面教育并不意味着无原则地迁就和一味地表扬、鼓励，只有将二者结合起来，才能收到良好的教育效果。

7. 尊重热爱与严格要求相结合

在班级教育管理中，教师不仅要对学生的自尊与人格保持充分的尊重，成为学生的朋友，在教与学中共同发展，还要严格地教育与管理学生，实现二者的有机结合。尊重热爱学生是教师的天职，是师德的重要表现，没有爱，便没有教育。同样，如果没有严格的要求，就无法达到教育的目的。首先，应重视在班级中形成尊师爱生、民主平等的师生关系。教师只有对学生保持充分的信任、尊重，才能激发学生的自信、自尊、自强。其次，班主任要端正教育思想，热爱每一个学生。最后，严格要求应合理、明确、具体。以学生的实际情况为基础，提出合理、具体、明确的严格要求，从而促进学生的发展。严格要求要充分尊重学生的实际，即严而有格，严而有理。

8. 坚持教育管理的整体性原则

整体性原则是指在班级教育与管理实践中，要把班级管理活动看成一个有机的整体，从系统的整体功能和目标优化出发，合理组织班级管理要素，充分发挥各个要素的整体育人功能，以期取得最佳的教育管理绩效。为此，班级管理主体必须树立系统的观点，通过优化组合要素来放大教育管理功效。

三、班级教育与管理的理论基础

（一）学习动机理论

1. 需要层次说

20世纪40年代，美国著名社会心理学家马斯洛（Abraham H.Maslow）在其著作《人类动机的理论》中提出了"需要层次理论"。根据这一理论，每个人都潜藏着五种不同层次的需求，从低到高依次是生理需要、安全需要、爱与归属的需要、尊重的需要、自我实现的需要。将人的需求满足后，才能充分调动人的积极性，提高工作效率与质量。

后来，美国管理理论家赫茨伯格（Frederick Herzberg）在"需要层次理论"的基础上提出了"激励因素——保健因素理论"。他认为，激发动机的因素主要有两种：一种是激励因素，能够激发人们做出最好的表现；另一种是保健因素，如卫生条件保障人的健康一般，能够预防人在工作中产生不满情绪。

至于如何提高上述激励因素的激励力，弗洛姆（Erich Fromm）提出了"期望概率模式理论"。根据这一理论得出，期望概率（职工认为某一行动的可行性）、选择性行动成果的强度（某一行动结果的成效），对激励因素的作用大小起到直接决定作用。这就使得对人的需要动机和激励问题的研究在理论上更加完善和系统化。

2. 自我效能感理论

自我效能感是著名心理学家班杜拉（Albert Bandura）提出的一个动机理论。他认为，对人的行为造成影响的期望可以划分为两种，即结果期望与效能期望。结果期望指的是对于自身行为结果带来的价值，人们进行理性或理想化的推测；效能期望指的是对于自己能否使某一行为获得成功，人们做出的主观判断，它能够在一定程度上反映个体在某一活动或某一方面的自信心。

当学生认为某一学习结果会带来价值，并且自己能够圆满完成这一行为目标时，才会显著提高对这一学习活动的主动性与积极性，结果期望与效能期望共同对人的行为造成影响，其中，效能期望不仅对学生确定学习目标、意志控制、努力程度造成影响，还会对学生的学习方式与方法造成影响，有着调节学生学习行为的重要作用。当学生已经清晰地意识到取得优秀成绩的重要性，但认为自己没有足够的能力取得期望成绩时，很有可能举步难行。因此，应提高学生效能期望的培养力度，激发学生学习的积极性，以保证学习质量的稳步提高。

3. 归因理论

归因理论的基本假设与指导原则是：行为的基本动因是寻求理解，学生们尝试对事件发生的原因进行解释，试图为自己的成功与失败找到兴趣、帮助、运气、知识、态度、努力、能力等方面的原因。

目前，在实践应用上具有较大借鉴意义的是韦纳（B.Weiner）的观点，即当个人认为努力、能力等内部因素是成功的原因时，这个人就会产生自信心与自豪感，如果将运气好、任务简单等外部因素看作成功的主要原因，那么，这个人就会产生内疚感、羞愧感。反之，如果因为运气不好、任务难度高而导致失败，就不会产生过多的羞愧感。而无论是成功还是失败，将原因归于努力时，会比归因于能力产生更加强烈的情绪体验。简单来讲，努力后获得成功，会获得愉快的体验；不努力导致失败，会获得羞愧的体验；努力却失败了，会有更大的羞愧体验，这时就要进行鼓励与支持，以免因自卑而产生消极心理。

（二）学习风格理论

学习风格是学习倾向与学习策略的总和，也是学习者长期坚持的个性化学习方式。近年来，有关学习风格的研究主要从生理、认知等几个层面揭示了个体学习风格的基本特征，为更好地因材施教提供了重要的理论依据。

1. 学习风格的生理性要素

一般情况下，学习风格的生理性要素主要体现在五个方面，即学习时间偏爱、知觉反应、声音偏爱、光线偏爱、温度偏爱。

（1）学习时间偏爱。

任何个体都具有独特性，在学习方面，自然会有各自偏爱的时间，有人喜欢或适合在清晨学习，有人喜欢或适合在午后学习，还有的人喜欢或适合在傍晚学习。根据学习时间偏爱，可将学习者划分为四种类型，即清晨型、上午型、午后型、夜间型。作为班主任，应善于观察与了解学生个体的学习时间偏爱，尽量使教学制度与学生的学习时间偏爱相匹配，以保证学生有效地利用时间，高效率地学习。

（2）知觉反应

在面对内部或外部的刺激时，不同的人做出的反应会出现一定差异，比如，动觉的反应、听觉的反应、视觉的反应等，体现了对不同感知通道的偏爱。研究表明，20%~30%的人喜欢通过听觉接受并贮存信息，40%的人喜欢通过视觉，还有些人喜欢通过具体的操作活动较为有效地获取知识，还有些人则属于两种或三种感知觉结合型。

（3）声音偏爱

由于每个人的性格是有一定差异的，使得不同的人在声音上会有不同的偏爱，比如，有些人喜欢在节奏分明的音乐背景下学习，有些人喜欢在相对安静的环境中学习。一个班内学生对声音的偏爱各不相同，教学环境或方法应尽量适应学生的不同偏爱。

（4）光线偏爱

每个人的视力是不同的，在光线的喜好上也有一定差异，比如，有些人喜欢在明亮的灯光下学习，有些人喜欢在昏暗的环境中学习。对于学习者而言，明亮的灯光虽然能让部分人感到舒适，但还有一部分人会过于敏感；昏暗的光线能让部分人缓解光线直射带来的压力，但还有一部分人会感到精神萎靡，降低学习效率与效果。经过相关研究得出，在光线适应方面，个体差异尤为明显，甚至能够对个体的情绪、认知、生理的功能造成影响，因此，教师应根据学生的光线偏爱对学习环境做出针对性的调整。

（5）温度偏爱

学习环境中适宜的温度有利于学习效率的提高。如果室温为29℃时会使学习者获得最好的成绩，那么，当室温为33℃时，学习者只能获得理想成绩的75%；当室温为33.5℃时，学习者只能获得理想成绩的50%；当室温为37℃时，学习者只能获得理想成绩的25%。随着室温超过人体适应温度越来越多，学习者的生理、心理都会受到严重影响。研究发现，不同学习者体内化学反应的速度和水平也不尽相同，因而对外界环境的温度要求也不一样，有些人喜欢凉快些，而有些人则爱温暖些，表现出对温度高低的不同偏爱。

2. 学习风格的认知要素

从本质上看，学习风格的认知要素是个体的认知风格在学习中的反映，它表现在个体对外界信息刺激的注意、感知、记忆、思维、解决问题的方式上。

（1）场独立性与场依存性

场独立性指的是个体对自身内部参照的依赖程度较高，不容易受到外来因素的干扰与影响，习惯独立地判断事物。而场依存性恰恰相反，指的是个人更多了依赖自身所处环境的外在参照，以环境的刺激交往中对知识、信息进行定义。从定义来看，相比于场依存性个体，场独立性个体更具备主体倾向优势，很难受到客观环境因素的影响，能够对外来信息进行主动加工。

（2）冲动型与慎思型

有些学生反应比较慢，但准确度较高，很少出现错误与问题，而有些学生能够快速做出反应，有敏捷的头脑，但准确性有待提高。对于这两种反映方式，前者称为慎思型，后者称为冲动型。根据相关研究，相比于冲动型学生，慎思型学生虽然在反应速度上有一定不足，但更容易提出成熟的解决问题的策略。

（3）视觉型、听觉型与动觉型

在进行学习的过程中，不同的人会侧重于不同的感觉通道，以达到预期的学习效果。根据人们的感觉通道偏爱进行划分，大致可分为视觉型、听觉型、动觉型。顾名思义，视觉型者善于通过看、读进行学习，听觉型者则善于通过听来学习，动觉型者则以动手、动口来学习效果最好。

此外，根据人的高级神经活动中哪种信号系统更占优势，可划分为思维型和艺术型；根据人们在知觉过程中的特征，可划分为综合型和分析型；根据大脑半球占据的优势，可划分为形象思维型和抽象思维型。上述认知方式的划分是极端的，事实上，人的认知方式很少属于某种极端的类型，多数情况下属于中间型和混合型。

（三）多元智能理论

与传统的以语言和数学逻辑智能为核心的智能理论不同，著名教育心理学家加德纳（Howard Gardner）提出了多元智能理论（简称MI理论）。人的智能是由多种要素构成的，主要包括言语——语言智能、音乐——节奏智能、逻辑——数理智能、身体——动觉智能、视觉——空间智能、自知——自省智能、交往——交流智能、自然观察智能等。每个人都有各自的智能组合，并且在表现方式上具有独特性。一般情况下，通过自身努力或适当的外界条件刺激，每个个体的任何智能都能得到提高与发展。

1. 关于智能的结构

（1）言语——语言智能

这种智能主要指的是听、说、读、写方面的能力，体现在能够顺畅地借助语言将事物、思想表达出来。

（2）音乐——节奏智能

这种智能主要指的是感受、记忆、辨别，改变与表达音乐的能力，体现在个体对音乐节奏、旋律、音调、音色的敏感程度，以及通过歌唱、演奏、作曲等表达音乐的能力。

（3）逻辑——数理智能

这种智能主要指的是运算与推理的能力，体现在对事物之间的对比，类比，逻辑，因果等关系的敏感程度，以及在数理运算与逻辑推理等方面的思维能力。

（4）身体——动觉智能

这种智能主要指的是对四肢与躯干的运用能力，体现在能够较好地控制自己的身体，对事件能够做出恰当的身体反应，以及善于利用肢体语言表达自己的思想和情感的能力。

（5）视觉——空间智能

这种智能主要指的是感受、记忆、辨别、改变物体空间关系并以此表达情感与思想的能力，体现在对色彩、结构、形状、线条与空间关系的敏感程度，以及借助立体造型与平面图形将其表现出来的能力。

（6）自知——自省智能

这种智能主要指认识、洞察和反省自身的能力，体现在能够正确地意识和评价自身的情绪、动机、欲望、个性、意志，并以正确的自我评价与自我意识为基础，形成自制、自律、自尊的能力。

（7）交往——交流智能

这种智能主要指的是与人交往、相处的能力，体现在能够及时体验、察觉他人的情感、情绪与意图，并以此为基础，做出适宜的反映。

（8）自然观察智能

这种智能主要指的是个体辨别自然环境、人造环境的特征并进行合理的区分与利用的能力，体现在对各种环境的敏感程度。

2. 多元智能理论的教育内涵

（1）教学观

多元智能理论倡导一种"对症下药"的因材施教观。根据多元智能理论，每个智能领域的发展过程都具有独特性，使用的符号系统也各不相同。在开展教学活动的过程中，教师应以学生的智能结构、学习方法、学习兴趣以及教学内容为基础，结合学生个体的实际需求，选择具有较高适用性的教学方法与教学手段，以促进学生的全面发展。

（2）学生观

根据多元智能理论得出，每个人的智能都是不同的，并且有多种多样的组合，因此，每个人的智能都具有独特性。根据加德纳的观点，每个学生的智能领域虽然不同，但必然有自身的独特优势，只要通过合理的学习方法，每个学生都可能成为可造之才。基于此，学生的问题成为哪方面聪明的问题，而不再是是否聪明的问题。在教学的过程中，教师应善于为具有不同智能的学生提供适宜的教育，做到因材施教，将他们各自的潜能充分激发出来，从而成为具有专门能力的人才。

（3）评价观

根据多元智能理论，应树立多元评价观，舍弃传统的以学生学业成绩与智力测验为主的评价观。多元智能理论主张评价应通过多种渠道，采用多种形式，加强考试内容与学生生活经验、社会实践之间的关联，在不同的实际学习与生活情景下，对学生的分析问题、解决问题的能力以及创新力进行考察。

四、班级教育与管理课程的学习

（一）将班级教育管理看成事业

在开展教育实践的过程中，很多人并不重视班级管理及其发挥的作用，只将其视为教师的"兼职"工作，不需要付出多少努力即可完成。之所以形成这种观念，是因为班级并没有被视为一个整体，只是数十人聚集在一起进行学习的一般性场所。大量的教育实践证明，班级生活质量其实在一定程度上能够决定学生的全面发展。而学生的班级生活质量，是班级教育管理质量决定的。班级管理如此重要，因而它是一种教育事业。但在实践中人们似乎还没有充分认识到这一事实的重要性、做好这一事业所需要的相当精深的修养，以及做好班级管理工作的艰巨性。

  这里说班级管理是一项事业，首先是说它与各种管理事业一样，对社会有着重要的意义。班级是学校中的组织，是学校组织的构成部分，一所学校管理得成功与否，取决于班级管理的好坏。成功的班级管理是成功的学校管理的基础。其次，班级组织是青少年成长最重要的环境。在青少年接受学校教育的阶段，有两个群体对他们最为重要：一个是家庭，学校外的生活主要在家庭度过；另一个是班级，学校内的生活主要在班级里度过。最后，做好班级管理工作需要专门的素养。一种工作的价值，与这一工作所需要的素养水平相关，一种工作需要的素养越高，这一工作就越有价值。班级管理工作就是这样一种工作。能够成功进行班级管理的班主任就是优秀的管理专家。

（二）注意相关学科理论的学习

  班级管理理论并不能孤立地掌握，它涉及管理学等理论，本身又是整个教育理论体系的组成部分。对班级管理理论的学习，既需要相关理论基础，也需要相关理论的支撑。

  从班级管理是管理学一般原理的运用这一角度而言，学习班级管理理论，需要掌握一定的管理学知识。不管我们是否有条件去学习管理学课程，都应当设法主动阅读管理学著作，从而为理解班级管理问题奠定基础；从班级管理是教育管理学研究的方向之一而言，我们也需要学习教育管理学的理论。班级管理还涉及教育学、教育社会学、教育心理学等，学习者应当能够将这些相关学科的理论融合起来进行思考。

（三）在写作中学习

  班级管理理论是实践的理论，然而理论要成为实践者自己的东西，非经过实践者自己深入的思考不可。没有什么能够让思考深入，除非写作。只有在写作中思考的问题才会明晰化,思考才能更为深入。写作可以促进思考,促进学习者专业素养的提高。

值得注意的是,写作并不是要求写千篇一律的抽象的理论文章,而是提倡写班级管理事件和对这一事件的思考。把事件写出来,才会有深入的思考;对班级管理事件的思考,会真正帮助实践者提高实践能力。

第二节 班级教育思路管理

对于班级管理,不仅要注重班级管理的教育性质,还要理解班级管理不同于其他教育活动的独特的教育机制,并将其转化为班级管理的教育思路。这样,才能帮助学生获得更好的发展。可以这样说,只要将学生的发展理解对了,那么,班级这个世界也就对了。班主任无须用太多的新奇话语和制胜绝招来装饰自己,只需厘清自己的教育思路,然后用一颗平常心来做好平常事,就足以让学生拥有更高的精神生命质量。

一、班级教育思路的认识基础

(一)班级管理需要明确的教育主线

实际上,班级管理的模式逐渐丰富,不再只是单一的内容和形式,具有丰富专业的理论依据,在一定程度上,不同学科的视角会影响班级管理工作的进度。教育研究表明,班级管理的模式已经日趋复杂,由单一的研究方式转变为种类丰富的研究体系,使班级管理的路径趋于成熟。

1. 传统的班级研究思路

应该看到,所谓"教育学的学科视野"与"单一的心得体会式的研究路径",属于传统的班级研究思路。还应看到,这样的传统的班级研究思路,至今仍盛行于世。这位学者之所以提出要超越这样的研究思路,确实有诸多理由。

就"教育学"的出现和发展来说，作为一门学科，它有一个逐步清晰、深化的形成过程。

之前的教育研究主要有两种思路：一种是从哲学、神学等领域自上而下的演绎，另一种是从具体教育实践开始的自下而上的归纳。但前者未能结合教育现实形成科学的特殊结论，后者也未能超越经验反思的范围。

在"教育学"学科被引入中国，并被应用于班级研究时，其中最值得关注的就是论证方法与研究结论的相对粗疏。

2. 传统研究思路的当代表现

传统的论述方法似乎主要是演绎、归纳和类比。它们仍大量出现在我国近几十年的班级研究中。

首先，将演绎法展开来说，过于注重理论知识而忽略了教学实践的重要意义，成为只有在被"尊称"时才能算作一门科学的学科，而难以对实践产生深刻影响。另外，教育学理论又在相当长的时间内被意识形态化，教育学者们通过剖析马克思理论中针对社会结构和人的本质的结论，推论出教育教学的原则和班级管理的预期成果、方法。在这种自上而下的演绎思路中，还有一种居高临下的姿态，即从"绝对正确的"社会权威的角度来审视教育、审视班级工作，过于强调让学生个体服从社会需要，尤其是被意识形态化了的社会需要。

在我国的一些"教育学"教材中，看起来已经成为共识，并为许多研究者所采用的思路是：参照苏联的集体教育原则，建立全新的培养方式，推动原来的班集体紧跟社会发展趋势，或者将社会主义制度融入班级建设中。相应地，对班集体的概念、特征、班级从群体到集体的三种或四种发展水平的论述，大体借鉴20世纪50年代苏联教育体系中的话语系统，以同时期的苏联的心理学理论为基准，进行教育教学革新。

其次，就归纳方法来说，来自一线班主任、德育工作者的许多经验反思，为我们提供了许多有价值的想法和方法，也不乏教育家的智慧光芒。但是，跳出这个案例来看，这些反思经验体系不够完备，针对性较强，可应用性不高，不具备普适性，形成更高境界的教育思想，也难以超越相对狭隘的工作领域，开拓更广阔的学术视野。其中，许多研究往往是将一些看似高深的教育理论或其他学科话语当作口号来引用，而非作为工作思路的理论依据来论证。

最后，就类比方法来说，无论是理论研究还是实践研究领域，许多理论浅显分析是有道理的，但经不起细致推敲，不适合应用于实践。比如，引用其他学科的意识形态或定性结论，或者以某些现实事例为依据，阐述总结性的理论观念，将其整合到一起，汇集成工作总结、科研型文章或专业著作。这些做法并非绝对不可行，但在这么做的同时，要有正确的分辨标准，客观衡量引用的理论观念与班级教学管理的关联性和不同之处，例如，理论的出处、理念的实际目标、适用范围、可利用的方向，应用于实践的成效。

（二）班级管理需要提炼的教育主题

1. "多元研究"对班级管理研究的推进

在19世纪向20世纪过渡期间，教育研究的理论依据组成发生了改变，教育学不再是唯一的意识形态，教育学分支学科和从不同角度研究教育现象而形成的教育学科群逐渐出现。这一趋势在整个20世纪逐步发展，直到今天出现了层次、角度和内容都很丰富的学科群。实际上，不同的交叉学科、分支学科的研究，在其所选的视角和领域中，对相关教育现象做了远比前一类研究（"单一的心得体会式的研究"）更为广泛、细致深入的探讨。这些探讨使得我们对教育活动的认识得以逐步拓展和深化。其中，就班级教育方面而言，多学科视角的研究就为我们提供了诸多新的认识和启发，因为它们从多方面拓展了班级的教育价值，同时提供了丰富的视角和研究思路。

2. "多元研究"的局限

当试图从新的视角、新的立场来开展新的研究时，固然需要从新视角、新立场中获得支持性的资源，但也应看到应该超越之处——尽管已有的这些研究就它们自身而言是自成体系、相对完善的。例如，一位教育社会学研究者一方面主张班级组织成员不应包括教师，另一方面，在研究班级互动时又包括了师生互动。研究者还特别解释这种选择，考察班级组织中的互动不仅可以，而且必须将师生互动也作为重要对象，而这样做并不意味着教师就是班级组织的成员。这说明，互动作为班级组织整体活动所必然出现的现象，它不同于对班级组织进行静态分析时的成员界定。由此可见，从活动的视角来研究班级，不同于从组织的角度来研究班级。社会学的诸多类似研究为我们提供了很多启发，但距离使我们意识到班级在学生发展中的重要性还很遥远。这需要在漫长的教育教学研究中找到答案。

当我们将视角转移到教育教学研究中去，会发掘到很多常见的教学研究现象，学者们在研究教学管理时的游离状态。这种研究立场上的不确定性主要表现在：引用其他学科的教学研究成果、学科定义或研究主题，却纠结于研究选择的方向和价值判断。

实际上，在立足于学校教育场景时，研究者往往在内容组织、表述方式上有一些值得肯定的尝试，它们使得这些内容与班级教育的实际需要有更多的结合点，也促成了一些新的探索空间的产生。例如，在从学生角度辨析学生个体指导工作的分工时，强调了班级教育或班主任工作不同于德育处（或教导处）、共青团与少先队组织、心理咨询教师的独特价值和地位。如果能进一步从学术立场、学科立场方面进行有意识的探索，也许会出现更具逻辑性、更符合教育学学科立场的教育思想和教育方法。

3. "多元研究"凸显的需要

针对"学科立场上的游移状态"，我们可以思考：其一，在多学科介入班级教育研究的今天，在引用多学科的相关研究成果时，是否会在班级教育研究这一相对微观的领域延续着让教育研究成为其他学科"殖民地"的情形。其二，是否应有一种属于教育学的立场。可以设想，如果明确了这样的学科立场，也许就能让其他学科的研究成果"为我所用"，而不是任其"替我所思"，此时，在引用其他研究成果时，我们将有自己的眼光、自己的判断、自己的创见，而不是将它们作为现成的、不用加工改造的结论直接搬用进来，"建构"成一套有着逻辑缺憾的规范或说法。

此时，可以设想的一种选择就是：明确突出班级管理中的教育主题，即培育新人。这一教育主题在新时代的具体表现就是激发学生学习工作的主动性和积极性，完善他们的价值观念以及精神追求。班级是由全体学生、教师和客观存在的事物组成的共同体，在开展教学管理工作时，要结合班级的发展现状和班级在不同时期的特征，设定切合实际的研究主题，以主题为中心，进一步研究教育发展的主要思路。所以，教育方向的确立、发展主题的提出，为教育教学管理的研究奠定了基础。

（三）学生是班级管理中的发展主体

我们可以看到，能够承担这种历史使命的研究，应是关注"班级教育价值的提升"，而不仅仅是"拓展班级教育价值"的新研究。它具体包含两项研究：一项是"发展性班级教育系统"研究，另一项是"新基础教育的班级建设"研究。这些研究形成了教育学立场的班级教育思想，从而有效超越了前述两种情形。它们的超越之处包括：对"班级教育活动的性质"和"班级教育研究的性质"有了基于教育学学科自觉意识的理解和选择。

1. 明确班级管理中的发展主体

只有明确了班级管理中的发展主体，才能根据主体的需要主动提炼出班级管理中的教育主题，然后，才有可能根据教育主题形成教育工作的主线。

教师和学生是教育活动的复合主体。作为独立主体，师生各自扮演的角色和必须完成的活动不可相互取代，因此，他们具有相对独立性。但是，两类主体只有处于交往中的对话状态、开展相关活动并使教育活动逐步通向目的，才能在完全和真实意义上构成教育活动。同时，他们在教育活动中互为主客体，使得各自的活动都面对复合的客体。因此，师生是教育活动中的复合主体。

就班级管理这一综合性教育活动的整体而言，教师与学生属于复合性的教育主体。教学工作的开展需要教师与学生协力推动，在学校组织社会性实践，有利于培养学生积极健康的性格品质，是学生在校期间进行社会性学习的主要环节。为了进一步推动班级管理工作的进行，学校可以着重突出以人为本的发展观念，着重体现学生的主体性，而不是仅把它看作是教育管理的主体成员之一。

2. 学生作为发展主体的具体体现

突出学生作为发展主体的地位，并非忽视教师的主体作用。恰恰相反，这是为了让师生的主体作用得到更好的发挥。应该看到，与各门学科的课堂教学相比，班级管理的针对性更强，指向性明确，注重培养学生的良好品质，提升专业素养，促进学生形成正确的价值观念，在学习中认识到自身需求，确立人生观念和前进方向。此外，要革新学生在教育教学体系中的地位，优化学生的专业知识技能，产生独特的教学效果，提升学生的能力。

（1）就师生关系而言，师生作为复合主体的共同作用指向的是学生作为发展主体的成长

尽管师生都属于教育活动的复合主体，不过，在不同的教育活动领域中，他们之间仍存在一些差异。在课堂教学中，教师所具有的学科素养，使得教师在教学活动中居于重要的组织者、引导者地位；而在班级管理这一教育活动中，班主任是班级发展的主要责任人，班主任是班级各项工作事务有序进行的掌舵者，在幕后为班级指引方向，为学生提供学业和生活上的帮助，给予学生鼓励，激发学生的积极性，充分发挥学生的主体作用，使其意识到自己是班级的一员，主动地组织参与班级活动。也就是说，在班级教育活动中，教师的任务直接指向学生的社会性和个性发展，并在价值导向和策略性选择等方面发挥更大作用，而学生则具有较之课堂教学更大的自主决策、践行、锻炼与发展的空间。

在班级教育中，师生作为复合主体的作用，在于让学生成为真正的发展主体，即让学生越来越充分地掌握自己的发展主动权，越来越主动而有效地拓展自己的发展空间，越来越充满智慧地提升自己的发展质量。

（2）班级管理是为了给学生营造良好的学习环境，促进每一位学生的发展

客观来说，学生个人与班级集体的发展是整个集体发展的两个组分，缺

一不可，它们之间互为前提，而且个体成熟的标志之一也是理解和融入人类共性的程度，不过无论是从抽象的理论思考的角度看，还是从具体的实践操作的角度看，都有必要突出学生个体作为"具体个人"的角色，并防止有意或无意地用"抽象的人"替代"具体个人"，从而造成对每一个具体的学生个体的忽视。

（3）班级发展中的主体因素是由独立个体组成的

显而易见，以班级整体为出发点，管控和确定的学生的主体地位，就不可能让每一位学生成为一个孤立的个体。实际上，学生发挥个人独立的主体作用是建立在班级整体携手共进的基础上。所以，想要通过班级管理实现素质教育，需要具备规范标准的思维规划，以促进学生健康茁壮的成长为首要教学目标；实施班级管理工作时注重班级内部的互相影响。

此时，班级发展中的主体因素是由学生个体组成的。这种群体建立在每个独立个体的主体地位上，是互利共生的关系，并不是取代关系。这种群体关系，与传统意义的集体不同，不是在个体对立面上的班级整体，它注重主体与独立个体之间的相互关系以及彼此交流互动的行为特征，并不只是将实体部门固定化。也就是说，"集体"中存在"个体"，二者互为发展进步的基本要素，具有一致的精神追求。而传统的"班集体"虽非"同而不和"，但很有可能是以牺牲"不同"为代价而追求表面与暂时的"和"，以至于个体在失去个性的同时，失去了与群体的深层次的、可持续的意义联系。

3. 确认学生的发展主体的地位带来的新选择

学生是班级教育活动中的发展主体，并且这种主体地位体现在每一个具体的学生个体身上。由此，理解班级管理的立足点和视角就会发生诸多相应的变化。

不应只关注班级作为教学组织形式的工具价值，而会进一步看到班级本身就有的教育价值，因为教育活动不只是知识、技能的传递过程，它还应该发挥远比这些更为丰富、更为重要的教育作用。

不应只关注班级整体的发展，使个体的发展屈从于集体发展，或者只将个人作为集体发展的工具，而会将班级真正建设成学生的精神家园。这里的"学生"指的就是每一个学生个体，它不是一个抽象的名词。

当然，也不应将学生个体的发展与班级整体的发展对立起来，甚至过分追求个性张扬，因为个体的成长离不开与他人的交往，个体更理想的发展也离不开融入群体。从更深的意义上看，只有关注具体的学生个体的成长，使他们越来越明智地忠实于自己的理想、遵循自己的天性法则、追求自己的事业，才有可能真正地理解人类共同体的价值，并越来越接近于人类的共同事业。

二、班级教育思路的思考线索

（一）教育思路的原点：学生个体

为了进一步完善学生的价值观念和思想追求，以及他们的学习和生活品质，学生在学校的教育教学过程中的发展状态可看作"学生经验空间"与"人类文明环境"的交流互动，在教学实践过程中，不断丰富学生的经验体系，提升其思想境界。在这一发展阶段，人类文明为学生的学习提供养料，人类的悠久文化和精神文明逐渐成为学生经验世界的精神支撑，促进学生的革新意识，为人类文明的发展做出贡献。

与专业学科的传授过程相比，学生在班级管理中的发展范围更宽泛，可以借此提升多方面能力，实现全面多元化的发展。将自己的思路见解融入教学管理体系中去。班级管理与学科教学相比是截然不同的教学体系，在班级管理工作过程中，着重突出学生的主体地位，教师负责激发学生的主观能动性给予学生帮助和鼓励，提供强有力的支持；学生是班级教育教学工作的主体，应该将这种主体地位细化到每位学生身上，人人都做自己的主人。所以，可以针对每位学生的个体发展特征，为教育事业提供理论依据。而"个体经验世界"的最关键部分就是个体的精神生活。

从静态角度来看，学生的经验学习是学校教育教学过程的一个环节；从动态角度来看，学生的经验学习与学校教育教学是相互贯通的，在学习经验的过程中,逐渐融入学校的教育教学中,在整体教学环境中实现自我提升,逐渐超越学校生活的收获。二者之间的交流互动是重要因素。

(二)教育思路的依据:个体发展机制

学生积累经验,实现自我提升的过程与学校的教育教学是相互贯通的,个体在其中不断丰富自己的知识体系,获得知识水平、思想内涵和社会经验等多方面提升,具体到班集体中,就是独立个体与班级成员的交流互动。

对于独立个体在班集体中的发展和生存问题,社会学以及其他众学科都在科学研究中给出启发。从多个不同的方面表明,个体不能完全独立于集体之外,个体的发展基于集体的和谐关系,个体需要与人交流互动,并且个体在不同团体中的发展方向和性质是有差异的。所以,要从多方面审视班级管理的价值的意义,以确立科学发展理念。

1. 超越自然发展,追求自觉主动的成长

针对班级管理这项教学工作来说,可以适当调整教学计划,将学生的被动学习和进步转变为主动学习。所以,教师应该紧跟国家教育发展机制,结合相关培养目标,重新配置曾经被忽视的教学工作,将其转变为教师和学生自愿组织的班级活动。

2. 超越个体的自发交往,主动利用群体交往的影响

相比于家庭教育和社会教育,学校教育更加符合学生的发展规律,教学内容系统科学,传授知识的员工是具备专业资格的教师,经过系统专业的培训,具备从业资格。令人遗憾的是,大部分人只关注学校的人力资源,而忽略了各个团体之间的交往互动,导致学生具备系统且专业的知识体系,但却缺乏主动交流沟通的能力。实现高层次管理体制的文明班级,可以进一步为之努力,通过开展和组织交流活动,增加互动机会。

三、班级教育思路的基本含义

(一)敞视:敞开心扉,坦诚相对

学生之间交往最重要的要素是真诚,学生应该将他的真实面貌展现给同

学和教师，以真实的自我与师生互动，为班级教学管理提供最真实的素材。此外，学生积累社会经验的空间不再是闭塞的，向更加丰富开阔的世界敞开，为汲取其他优秀文化和人类文明奠定基础。比如，通过文字交流，为学生创造可靠的交流氛围，可以安心地畅所欲言。

（二）交流：沟通思想，知心知情

将学生呈现出的真实生活转变为教学资源，使学生在分享的过程中进行反思，总结思考自己的行为准则。所以，要在师生和生生之间建立适宜的沟通路径，营造舒适的交流氛围，真诚地交流各自的生活历程和人生经验，借此，丰富学生对个体成长经验的认知，组成班集体一致拥有的精神财富。比如，在学生分享内心世界的同时，定期举办个体经验交流会，组织学生针对集体生活与个体经验的观点，可以展开谈论一些社会现象，如火热的追星问题。

（三）辨析：辨明价值，澄清认识

明确的辨别价值需要班主任具有丰富的个体经验和人生智慧。在这一阶段，学生要根据自己的思维模式和生活阅历，来辨别现实生活中的组构、产生缘由、个体经验、生活境遇。这是在实践中引用人生智慧，也是提升智慧的环节。在这一发展环节中，每个学生学习的社会经验和班级主体的精神风貌都会被班级的每一位成员深刻体悟，从而为学生个体经验的积累和班级后续的发展历程奠定基础。比如，可以在班级活动中引用目前追星的现实案例，给予学生直观的体验，并结合实际案例，进行展开分析，帮助学生形成正确的价值观念和辨别能力。

（四）提升：提升境界，追求高尚

师生或生生之间交流互动的最终目的是促进学生的全面发展，使每一位个体在应对已经被明确定位的经验世界时，能够具有客观科学的思维模式，做出正确的选择。同时能优化学生积累社会经验的世界和班级的精神风貌，完善学生学习和生活的环境，这些成长和进步意味着学生的思维模式逐渐成熟，价值观念正在发展完善，距离学校的培养目标更近一步。比如，班主任组织集体活动，针对各种追星行为进行展开讨论，培养学生正确的观念，提升精神境界，树立明确的追求方向，适时开展一些高品质的活动。这样不仅能丰富学生的生活，缓解学业压力，还能顺应教育多元化发展趋势，提升学生的审美趣味。

四、班级教育思路的实践原则

（一）结合实际进行具体创造

"理论是灰色的"，而"生命之树常青"。因此，面对充满生命活力的具体实践，不能简单搬用理论，而应结合实际，进行具体创造。在将"敞现——交流——辨析——提升"这一教育思路应用于具体的班级管理工作时，建议班主任遵循如下几个原则。

1. 以发展问题的解决过程为单位，不将其机械套用于传统的活动单位

当考虑一项工作思路时，我们往往是以一次活动、一节课等"事"为单位的。于是，容易针对这些单位形成各种操作"模式"，每一种模式又分成若干"程序"。但是，在考虑班级管理中的教育思路时，有必要将"人"的发展作为考虑问题的核心，以"个体经验世界"作为思考问题的原点，考虑到学生的发展过程。此时，将学生的某个"发展问题"作为考虑教育思路的基本单位，当为一个可行的选择。

2. 灵活把握教育思路，不将其等同于操作模式或程序

发展不是客观存在的事物，不能以时间为单位，衡量它的发展轨迹，而是以个体积累社会经验为参照物，全面考查学生的思维模式和精神境界的进步程度。所以，应该根据考查的方面，确立具体的参照指标和体系，不能盲目套用其他思维模式，它不是工程上的操作环节或运作程序。因为发展是衡量学生学习成果的指标。

3. 关注学生在每一环节的整体发展，不将其化为事务的前后相连

用"敞现——交流——辨析——提升"来描述教育过程，并将其提炼成既蕴含于又适当超越具体教育活动的教育思路，也就是想说明"个体经验世

界"在"人类文化世界"（学校生活）中得以敞开，学生与他人交流，自觉意识到自己的发展状况，并明智地做出更好选择的过程。

在这一过程的每一个环节中，关注的都是学生个体精神生命的整体发展。这就是从教育学的立场来看人的整体发展。相比之下，心理学、社会学等学科所揭示的学生在每个阶段的认知发展、道德发展、社会化水平的提升和影响这些发展的各种因素、影响机制等具体内容，属于从不同角度对这一整体发展的一个方面的描述，即使用"多元智能"等各种新潮理论来做更详尽的分析，也仍然属于对更多方面的解析，而不是对整体的描述。

从教育学的角度来看，还需要对多方面的认识予以整合和具体化，并在此过程中进行自己的创造。从整合的角度看，要对影响学生发展的各种因素、学生发展的各方面表现进行总体把握，用以了解"个体经验世界"即学生精神生活的整体面貌，切不可"只见树木不见森林"，或者犯"盲人摸象"的错误。从具体化的角度看，要关注班级教育场景中的"具体个人"，即每一个学生个体。细致认真地探究生活在班级中的学生个体，结合影响学生发展的多方面因素，深入剖析发展成果在学生个体上是如何融入并发生作用的。

只有这样，才有可能将各种抽象的、一般层面的研究成果，用于对处于具体教育场景中具体人的发展研究，而且是深入的综合的研究。只有这样，才有可能将来自不同学科的研究成果，来自不同角度的观察与思考，融会贯通于对具体教育场景、具体学生发展状况的理解中。只有这样，才能避免简单重复，或让教育领域沦为其他学科"殖民地"的情形，提出我们的主见，即明确发展主体、提炼发展主题、形成发展主线。

此时，就可以进一步理解"敞现——交流——辨析——提升"这一教育思路，关注的是具有内在意义的"人"的生命每一阶段的整体发展，而不是只有外在价值的"事"的完成。这就意味着，需要把它理解为学生精神生命整体的发展过程，而不能将其简化为单项任务或多项事务的前后相连——尽管各种事务的前后相连，确实是学生精神生命得以发展的外在表现，但外在表现无论多么精彩，都不能直接等同于内在含义。

（二）着眼长效形成整体格局

具体的创造诚然可贵，但若不能形成整体的工作格局，则又有可能陷入卖弄"小智若神"的技艺俗套。为了在班级管理中形成更为长效的育人机制，就有必要将上述多方面的思考融合成一个整体的工作格局。

此时我们看到，要回应时代的呼唤，并且用新的教育思想引领学生的发展，我们有必要超越班级管理领域的诸多已有情形。这种超越的取向，需要这样落实。

首先，明确发展主体。将学生作为发展主体的地位突出地置于班级管理的整体场景中，并将这种主体地位落实在每一个具体的学生个体身上。此时，就能恰当地处理班级的工具价值与教育价值、教师与学生、学生个体与班级整体的关系。

其次，确定教育发展方向。班级教学管理环节视为学校教育活动的组分，确立教育发展的主题，为学生个体的前进指明方向，推动学生个体的发展，促进学生正确价值观念的形成，优化他们的思想品质和精神追求。进一步推广教育主题的明确，针对班级不同的发展阶段，设立适宜的发展主题。要基于学生的实际情况，深入了解学生的生活经历、社会经验以及发展需求等。这样，无论有多少学科展开对班级的研究，都可以从中汲取资源，让教育主题更为鲜明，而不是在多样化的资源中迷失自我，甚至以炫耀与学生成长关系不大的其他主题为荣。

最后，形成教学发展的主旨思想。确定发展方向，设立教学活动主题，进一步明确教育教学活动的主要路径。具备长远发展的思维和眼光，用心设立不同发展阶段的教育路径，并在此基础上完善班级体系。致力于确定班级教学管理中的工作范围、侧重点以及实施途径，达到更完美的工作情景，促进班级的个性化发展，建立健全班级在实际管理工作中的发展理念，使班级在不同阶段都具备完善的发展目标，基于此整合班级中的人力、财力、物力资源，合理配置学校资源，高效分配员工的工作岗位以及相关事项，实现班级的有效管控，积极开发班级的主题班会，推动班级的教学管理工作。

在考虑这样的教育活动主线及其中的具体活动时，可以参照"敞现——交流——辨析——提升"的教育思路，关注学生个体精神生命（个体经验世界）的逐步发展，而不只是关注各项事务的完成。

当如此考虑时，我们就会超脱出过去的管理模式，例如，遵循国家有关教育规定，制订确切的培养目标和教学计划，罗列出各项教育事务的相关规章制度。

第五章　中小学教师教学工作的精细化管理

第一节　课程与教学常规精细化管理

一、课程的精细化管理

课程是学生所应学习的学科总和及其进程与安排。广义的课程是指学校为实现培养目标而选择的教育内容及其进程的总和，它包括学校教师所教授的各门学科和有目的、有计划的教育活动。狭义的课程是指某一门学科。课程即教材。课程内容历来被作为要学生习得的知识来对待，而知识的传递是以教材为依据的。

（一）课程的类型

目前我国课程改革的理论与实践工作者由于存在着思维方式和判别维度上的差别，课程类别也是多种多样的。在当前课程概念层出不穷的情况下，对课程进行科学、合理的分类，必将有助于我国课程理论与课程实践的对话与互动，也必将对现行的课程改革有所裨益。

1. 从知识组织形式的维度上分类

在知识的组织形式上，有综合课程与分科课程两类说法，这也是一种比较典型的用二分法思维方式对课程进行分类的方法。综合课程是指运用两种或两种以上学科的知识观和方法论来考察和探究世界知识的课程。分科课程则是一种单学科的知识组织模式，它强调不同学科门类之间的相对独立性，强调一门学科逻辑体系的完整性。但是我们又不能简单地把分科课程与学科课程等同起来，综合课程与分科课程的知识组织形式之间既存在差别又有内在的必然联系。综合课程是在当今世界知识急剧更新、学科门类与交叉学科不断增多和学科知识不断分化后的一个必然结果，同时又是人们解决世界出现的诸多新问题，认识新现象的自然产物。综合课程与分科课程是相互依赖、相互作用，功能互补的两种课程。

2. 从课程行政管理的维度上分类

从行政管理的维度分为国家课程、地方课程和学校课程。国家课程亦称"国家统一课程"，它是自上而下由中央政府负责编制、实施和评价的课程。地方课程是在实施国家课程的基础上，依据教育部颁发的《地方课程管理与开发指南》和本地区的实际需要来编制和管理地方课程。学校在执行国家课程和地方课程的基础上，依据教育部颁发的《学校课程管理与开发指南》，可从本校的传统与优势来开发并管理本校的课程，但必须经上级主管部门批准。对于三级课程管理的含义与实质要正确理解，它不仅要求课程管理权限应当分级，更重要的是，下一级课程对上一级课程必须坚决执行，同时又要创造性地自主开发。

3. 从课程开发理念的维度上分类

由于课程在实现学校教育价值中的关键作用，所以课程开发一般都拘泥于相应的教育理念，它受特定的社会文化、政治、经济背景的影响。因此，从这个维度上看，课程又可分为社会本位课程、个人本位课程和学校本位课程三种形式。社会本位课程是以解决社会生活问题为课程价值取向的开发理念，学校在选择与制订课程目标与标准时强调社会利益的至高性，个人的发展应服从于社会秩序与社会发展。个人本位课程是以学生或个人的发展为基本课程价值取向的开发理念，学校在开发课程时突出个体的经验性与个体发展的合法性，强调只有在个人的发展基础上，社会利益才可以得以维系。学校本位课程实质上是社会本位课程与个人本位课程开发理念相互妥协的产物，指的是学校在代表社会和个人整合利益的基础上开发的课程。

4. 从课程形态的维度上分类

从课程形态的角度上看，课程分为原始课程、艺术课程、学科课程和经验课程四种形态。原始课程是人类社会初期，当人们认识世界所积累的知识还处在混沌状态时的一种课程表现形式，课程的实施主要是通过长辈向晚辈传授生产、生活的经验来进行。艺术课程是人类逐渐进入文明时代以后追求精神生活的一种教育价值的体现，它对知识的组织已经倾向于系统化和组织化。学科课程是历史进步到一定阶段的产物，人类探究世界的视野逐渐切入到自然界、社会以及自我意识的深层结构，试图运用分析的、演绎的方法，把自然界、社会和主观世界分解成不同的部分，然后通过探析知识的不同组成部分达到认识世界的目的。经验课程又称活动课程。它是建立在实用主义哲学下的一种课程形态，强调活动与经验在学生的知识形成中的关键作用，对学科课程是一种历史的超越。

5. 从课程思潮的维度上分类

不同的课程思潮体现了不同历史与文化背景下的课程价值观，它深刻影响着课程改革与发展的基本取向。当代课程思潮大致存在以下几种基本类型：政治课程、种族课程、性别课程、现象学课程、后现代课程、传记性课程、美学课程、神学课程、生态学课程以及全球化课程等等。

（二）课程标准

课程标准是指学生在经过一段时间的学习后应该知道什么和能做什么的界定和表述，实际上反映了对学生学习结果的期望。课程标准通常包括了几种具有内在关联的标准，主要有内容标准（划定学习领域）和表现标准（规定学生在某领域应达到的水平）等，是规定某一学科的课程性质、课程目标、内容目标、实施建议的教学指导性文件。课程标准与教学大纲相比，在课程的基本理念、课程目标、课程实施建议等几部分阐述得更详细、明确，特别是提出了面向全体学生的学习基本要求。

国家课程标准是教材编写、教学、评估和考试命题的依据，是国家管理和评价课程的基础，体现国家对不同阶段的学生在知识与技能、过程与方法、情感态度与价值观等方面的基本要求，规定各门课程的性质、目标、内容框架，提出教学和评价建议。

国家课程标准要依据各门课程的特点，结合具体内容，加强德育工作的针对性、实效性和主动性，对学生进行爱国主义、集体主义和社会主义教育，加强中华民族优良传统、革命传统教育和国防教育，加强思想品质和道德教育，引导学生树立正确的世界观、人生观和价值观。同时，倡导科学精神、科学态度和科学方法，引导学生创新与实践。

每一门学科的课程标准是不同的，但是课程标准的基本结构相似，主要包括前言、课程目标、课程内容、课程实施建议等几部分组成。

（三）课程计划

课程计划也称为教学计划，是课程设置与编排的总体规划，它根据教育目的和学校的培养目标，由教育部制订的有关学校教育教学工作的指导性文件，是对学校的教学和各种教育活动做出的全面安排，具体规定了学校应设置的学科门类及活动，以及它们的开设顺序及课时分配，并对学期、学年、假期进行划分。课程计划体现了国家对学校的统一要求，是办学的基本纲领和主要依据，是编制课程标准和编写教科书的依据，也是督导、评估学校教育教学工作的依据。主要由学科设置、学科顺序、课时分配、学年编制和学周安排等方面构成。

1. 学科设置

中小学学科设置大致包括七类：语文、数学等基础科目，外语、计算机等工具科目，思想品德教育科目，社会科学基础知识科目，自然科学基础知识科目，体育、保健、艺术审美科目，劳动技术教育科目。《基础教育课程改革纲要》指出，基础教育课程改革的目标在于构建符合素质教育要求的新的基础教育课程体系，这个体系整体设置九年一贯的义务教育课程，小学阶段以综合课程为主，初中阶段设置分科与综合相结合的课程，高中以分科课程为主。

小学低年级开设品德与生活、语文、数学、体育、艺术（或音乐、美术）等课程；小学中高年级开设品德与社会、语文、数学、科学、外语、综合实践活动、体育、艺术（或音乐、美术）等课程。

初中阶段设置分科与综合相结合的课程。主要包括思想品德、语文、数学、外语、科学（或物理、化学、生物）、历史与社会（或历史、地理）、体育与健康、艺术（或音乐、美术）以及综合实践活动。积极倡导各地选择综合课程。学校应努力创造条件开设选修课程。在义务教育阶段的语文、艺术、美术课中要加强写字教学，在做好硬笔字教学的同时，恢复毛笔字教学。

2. 学科顺序

中小学课程体系规定，各门学科既不能齐头并进，也不宜单科独进，应按照规定年限、学科内容、各门学科之间的衔接、学生的发展水平，由易到难，由简到繁，合理安排，使先学的学科为以后学习的学科奠定基础。教育部和地方教育主管部门都有明确规定，学校必须严格执行学科顺序。

3. 课时分配

课时分配包括各门学科授课的总时数，每门学科在各学年（或学期）的授课时数和每周的授课时数等。应根据学科的性质、作用，教科书的分量和难易程度，恰当地分配各门学科的授课时数。

4. 学年编制和学周安排

这一部分主要是指学年阶段的划分，各个学期的教学周数、学生参加各种活动的时间、假期和节日的规定等。

5. 课程计划要遵循的基本原则。

首先，保证教育的目的、培养目标的实现。课程计划的制订必须保证使学生在德、智、体、美、劳等诸方面都得到全面、和谐的发展，为其毕业后升入高一级学校深造或参加社会建设打好坚实基础。在课程设置上要体现基础性、全面性、时代性的特点，即在加强基础学科教学的同时，适时地拓宽和更新原有的科目，保持各类学科之间的协调平衡，以全面培养和提高学生各方面的素质，为其成为国家的栋梁之材打好基础。

其次，依据科学的课程理论，以教学为主，合理安排各类课程和各项活动，把学科课程和活动课程、分科课程和综合课程、普通文化课程和职业技术课程等有机地结合起来，根据各类课程和各类活动的地位、作用、特点以及它们之间的内在联系，统筹合理地安排其教学顺序和教学时数，以体现课程结构的完整性。

再次，注意初中教育阶段的相对完整性和衔接性。课程计划的制订考虑初中阶段的相对完整性，使每个阶段的学生都能受到比较完整的全面教育，为其顺利的就业打好基础。同时，这两个阶段的教育又要相互衔接，在课程设置和教科书内容上，要妥善安排，减少不必要的循环和重复，以保证青少年继续学习和深造。

最后，统一性和灵活性相结合。在制订课程计划时，要考虑地方的特点，允许有因地、因校制宜的部分，具有一定灵活性，适应学生身心发展的规律，同时，还要考虑学生发展的一般特点和个别差异，把统一要求与因材施教结合起来，以使学生的个性得到充分发展。

（四）课程的精细化管理

教育部颁发的课程标准、课程计划是学校施教的行动纲领，学校必须严格按照教育部颁发的课程标准、课时计划和教学内容，开全课程，开足课时，确保各学科有足够的专职教师任课，并根据本地特色和学校实际开发校本课程，满足教学需要。

1. 严格执行课程标准和课程计划

学校要遵照国家的要求，严格执行课程计划，按规定开设全部课程，不随意增减课程门类、难度和课时，不增加周课时总量。体育、健康、美术、音乐和信息技术除了开齐上足外，均要配备专业教师上课，从而提高这些课的授课质量。为保证各学科教学质量，学校每周必须安排专人对各学科教师随堂听课、评课，定期进行教研组学习与活动，安排每位教师每学期上一堂公开研讨课，从而不断提高教学质量。

2. 严格按表上课

要认真实施各科教学计划，严格执行按表上课的规定，按时按质完成教学任务。认真上好科学、音乐、美术、体育、品德与生活（社会）等规定性课程，同时要正确对待和认真开展综合实践活动等地方性活动类课程的教学，未经批准，不得随意调课，私自挤占、挪用非本学科的课时。

3. 控制学生在校时间

学校为保证学生有足够的睡眠和休息时间，要严格按照规定和作息时间到校和上课，不准过早到校，放学后要按时离校。严禁放学后全班补课，个别同学的补差工作要在静校前结束。

4. 保证学生体育活动时间

为增强学生的体质，必须认真上好每周的体育课和健康教育课，不得挪作他用。同时，学校加强监督随时听体育教师的课，保证体育课的上课质量。每天上好课间操和眼保健操，以确保两操质量。教师不得拖堂，保证学生课间休息时间。每学期学校必须举行一次全校性的运动会，平时各班结合班会、队会活动，定期组织丰富多彩的体育活动。

5. 控制学生作业总量

学校要按照素质教育规定，制定各学科作业布置与批改的相关制度，严格要求作业量要适当，布置给学生的作业形式要多样，难易要适中，要适合学生实际，

并能适合不同层次的要求。习题要精选，体现目的性和针对性、创造性、实践性。在教学设计中，要求教师应详细体现作业设计，设计体现少而精，能突出教学重点，吻合新课程理念，弥补学生知识与能力的不足。不布置机械重复的抄写作业，坚决杜绝变相的"体罚"作业。对于教师布置作业与批改工作，学校每周组织检查，平时结合听随堂课对作业布置与批改进行抽查，并及时做好评价与记录、检查情况，及时总结反馈，纳入教师绩效考核的积分。节假日、双休日不得组织补课。

6. 控制学业检测次数

学校在对学生学业检测方面，按地方教育行政部门规定，结合学校实际，对学生进行期中、期末检测。评价学生采用多种鼓励形式，激发学生的学习兴趣与自信，切实减轻学生的心理压力，使学生能全面发展，健康成长。

7. 加强学生用书管理

建立中小学教辅用书的审查、抽查和质量公示制度，以审查和抽查中小学教辅用书。同时，教育管理部门每年向社会公示审查通过及抽查质量低劣的教辅用书。对涉及政治问题、科学性问题以及历史、地理、民族等方面问题的教辅用书，特别是对内容充斥"繁难偏旧""题海"训练的教辅用书坚决予以清理。

对其他学生用书，要进行严格控制。小学中高年级以上的学生除劳动与技术教育、信息技术教育外，每学期最多选择一种地方课程书籍，学校给学生选择的地方课程学习用书每学年不超过一本。不得指定或强行要求学生使用教辅用书，不得以任何形式搭售、推销教辅用书，不得向学校和学生推荐教辅用书以及中小学用书目录以外的各种书；不得向学生推荐或统一购买教辅用书，不得指定教辅用书的内容作为考试内容。各级教育行政部门及所属机构都不得编写教辅用书和其他学生用书。

二、教学常规的精细化管理

教学工作是教师教和学生学的活动，通过这种活动，教师有目的、有计划地组织引导学生，积极自觉地学习和加速掌握文化科学基础知识和基本技能，促进学生全面素质提高。教学工作是学校管理的中心工作，加强教学工作的精细管理，提高教师教学效果，是学校管理工作的重点。

（一）制订教学工作计划

教学工作计划是指在一定时期内，根据教学大纲、教材和学生实际情况制订的本学科教学工作进度和目标任务，也称为教学进度计划。制订教学计划是教师备课工作的一个重要方面，在学年、学期初对全学年、全学期的教学工作做出一个完整、全面的计划，对保证教学工作有条不紊地开展和提高教学质量有很大的作用。教学工作计划包括学年教学工作计划、学期教学工作计划（也称教学进度）、单元教学工作计划和课时计划（教案）等。学年计划和学期计划一般由学校统一制订，单元计划和课时计划一般在教研组（备课组）的领导下，由教师制订。

1. 学年教学工作计划的制订

学年教学工作计划是在校长的领导下，以年级为单位，由年级组、教研组、教务处和部分骨干任课教师参与，根据国家规定的课程标准，结合学校实际和学生年龄特点，对全年教学内容和考核项目的规划。它是制订学期教学工作计划和其他教学工作计划的依据。制订学年教学工作计划，首先，要先制订出学年教材内容分布表，要熟知年级教材的学习目标以及课标推荐的学习内容。其次，就学习目标来说，它是由两个学期来完成的，因此需要分列入两个学期中。再次，教学内容的选择。一是课标推荐内容与学校现有条件设备相结合，与教师个人专业能力相符合，因为制订出的教学内容是要落实到课堂教学中去的，而不仅是写在教学计划里，无法开展的教学内容就要舍弃，选择可以实现同样学习目标的其他内容。二是教学内容要与上学年的学习的内容进行针对性的衔接。了解之前学过的主要学习内容，使得学生的学习内容成为螺旋递进的体系，也是制订学年教学计划另一主要关注点。最后，教学进度的安排。将学年教学内容转化成课时和课次，分配到两个学期中，用表格的形式展现出来分步实施。

总之，学年教学计划只要能体现目标引领内容的要求，并将目标和相应内容有层次的分配到两个学期中，同时能清楚地反映两个学期的内容以及课时安排，就是一个完整的学年教学计划。学年教学计划，一般由学校统一组织，在暑假开学前制订完成。

2. 学期教学工作计划的制订

学期教学计划也称学期教学进度。每学期开学前，由教务处和教研组或备课组统一组织，由任课教师根据学年教学计划、教材、教学大纲的要求和学生特点，以周为单位，制订教学内容、教学进度、教学权重以及对教学工作安排和要求。

一个好的教学计划对教师的教学工作有很大的指导作用。目前教学工作计划存在的问题较多，普遍存在的问题有以下几个方面：一是计划中应付得较多。有些教师没有深入研究教材和大纲，以应付完成任务的心态对待这项工作，从参考书中抄取部分内容，有的干脆抄袭别人或以前的教学计划，没有对教学内容和学生进行综合分析，对教学没有任何指导作用。二是有了计划也不按照落实。有些教师计划是计划，教学是教学，教学的随意性较大。要想改变这种状况，使计划在教师头脑中留下痕迹，必须有一个统一的要求，让教师能认真、仔细地写，把计划和自己的教学实际相结合，把计划很好地落实到教学过程中去。加强考核和监督，把制订教学计划和落实教学计划与教师的绩效挂钩，定期不定期进行检查。

学期教学计划制订由以下几个方面组成：一是学生情况分析。重点分析学生的习惯（听课、记笔记和发言提问等）、兴趣、态度、学期基础、班风和学风等方面，同时对学生优秀率、合格率、差生率等进行比较分析，对学生中存在的问题、两极分化情况进行分析，对学生中存在的小群体现象进行分析。针对学生情况制订详细的措施，既保证优秀学生能够吃得饱，又保证较差的学生能够吃得了。同时制订优生率、合格率等指标。二是对教材进行分析。确立教学目标，找出教学重点和难点，对教学内容进行认真分析，明确教学中要注意的事项等是教材分析的重点。对教材进行分析要研究教材、研究教学参考，要熟悉教材，对教材的体系结构、地位作用、知识结构进行整体了解，进一步解读课程标准，依据课程标准的要求对教材内容进行取舍。在全面研究课程标准的基础上，全面熟悉教材、吃透教材，才能更好地掌握教材的技能体系和知识结构，才能弄清教材要实现的目标，才有利于分析和处理教材。三是提出提高教学质量的措施。每学年学科不尽相同，但总的要求，通过本学科教学达到既教书又育人的措施，提高学生自主学习能力和良好习惯养成的措施，提高学生基本功和综合能力的措施，培优补差的措施，加强重点难点教学的措施，提高学生思维和创新能力的措施，培养学生动手、动嘴能力的措施等，围绕以上几个方面，根据学科特点制订出具体和细化的措施。四是教学进度。以周为单位，根据教学重点和教学难易程度，安排不同学时进行教学和巩固提高。

3. 单元教学工作计划

单元教学工作计划是根据学期教学工作计划中的某阶段或某项教学内容及目标进行系统安排的课时计划，它有自己相对独立的完整性。单元教学工作计划应保证学期教学计划达到的目标，是学期教学工作计划（教学进度）的深化和具体化的教学文件，它为教师制订课时计划提供了更加科学的依据，有利于提高课堂教学质量。单元计划以教材单元内容多少和难易程度等安排课时，总体不要超过学期教学计划课时数。

单元教学工作计划的制订，必须从学生需要和客观实际出发，认真钻研教材，掌握教材的重点和难点，选择新颖、多样化的教学方法与手段，安排好合理的教学顺序。首先，确定单元教学目标。单元教学目标是学完一个单元以后所达到的教学目标或教学要求。所有单元计划教学目标完成以后，才能完成教学总目标。其次，对单元教学工作计划进行分解（分解到每节课中去），列出单元教学工作计划表。再次，填表并进行审查。

制订单元教学工作计划的注意事项。一是要把单元教学目标确定下来，这是完成学期教学要求和完成单元教学任务的关键。二是要把每次课的教学目标、教学要求、教学重点确定下来，这是完成单元教学不可缺少的部分。三是针对每次课的教学内容，认真安排每节课的教与学的组织形式。四是单元结束后还要进行单元总结评价，有时候为了巩固教学成果，还要进行单元测试。

4. 课时计划

课时计划又称"教案"，是对每一堂课具体深入的教学准备，是对师生课堂预期的教学活动的设计和描述。一个完整的课时计划应包括：班级、学科名称、授课时间、课题、教学目的、课的类型、主要教学方法、教具、教学进程等。有的课时计划还会留有《教学后记》栏目，以便教师简要记录自己对上课后的自我分析和体会，为研究改进教学工作积累资料。其格式分文字型、表格型和卡片型三种。

一是教案背景内容。包括学校、班级、时间、地点、授课教师等。二是课题名称。指本节课教学的主题，可以是教科书中某一章、节的名称，也可以是该节课的教学任务名称，还可以是该节课教学主要内容的总称。三是教学目标。本节课结束后，学生应达到什么样的要求和水平。教学目标的陈述要求具有可操作性。四是教学内容。列出该节课教学的具体内容项目。五是教学重点、难点。重点是教学目标规定必须掌握和理解的内容，难点是学生现有水平尚不能充分理解和掌握的内容以及准备欠充分的内容。六是课的类型。确定该节课是综合课还是单一课；若是单一课，进一步说明什么样的单一课。七是教学方法。分析、选择设计确定该节课使用的教学方法。八是教具准备。确定本节课各个教学环节需要的教具。九是教学时间安排。对本节课教学时间做总体安排，并计划好各个教学环节所需时间。十是教学过程设计。这是教师对整个教学过程的预期设想，以文字或图表的形式体现在教案中，也是整个教案最核心的部分。从时间顺序上，教学过程一般分为导入、呈现、运用与总结四部分；从内容上，教学过程设计包括"内容处理""活动设计""方法设计"和"时间设计"。教学过程设计的撰写要求结构清晰、文字叙述详细、突出重点难点。十一是板书设计。板书类似于本节课教学内容的提纲，具有提纲挈领的作用。板书要求较高，应做到条理清楚、重点难点突出、书写工整、保留和擦除部分分明以及形象揭示教学内容的各种联系。

（二）备课

备课是教师按照教学计划的进度，根据学科课程标准的要求和本门课程的特点，结合学生的具体情况，选择最合适的表达方法和顺序，以保证学生有效地学习。备课实际是编写教案和熟悉教案的过程，共分为个人备课和集体备课两种。个人备课是教师自己钻研学科课程标准和教材的活动。集体备课是由相同学科和相同年级的教师共同钻研教材,解决教材的重点、难点和教学方法等问题的活动。备好课是上好课的前提。对教师而言,备好课可以加强教学的计划性和针对性,有利于教师充分发挥主导作用。备课的内容有课程标准、教材、学生、教法、学法等,有关备课的具体方法在课时计划等中已经较详细论述了,这里重点说一下集体备课。

教师集体备课是以教研组(备课组)为单位,组织教师开展集体研读大纲和教材、分析学情、制订学科教学计划、分解备课任务、审定备课提纲、反馈教学实践信息等系列活动。其具体运作方式如下:

1. 组织管理

集体备课由教务处实施管理。一般由教研组长具体主持集体备课活动。公共课和规模较大、门类较多的专业课,教研组可分成若干备课组,由备课组长负责具体实施,教研组长指导并参加各小组的备课活动。

2. 活动过程

一是活动准备——"二研、三定"。教研组长提前通知全组成员在集体活动前认真研读教材、大纲,通知中明确集体活动的"三定":定时间、定地点、定中心发言人。二是集中研讨——"四备"。集中研讨即组长在集体备课时间里召集本组教师提出备课要求,听取中心发言人的发言,讨论备课提纲。讨论中心发言人提出备课提纲时,应包括备重点、备难点、备教法、备作业(还应包含单元检测)。讨论时要充分发扬学术民主,允许不同意见的争鸣。三是修改提纲——"五统一"。根据集体讨论的内容,中心发言人修改备课提纲,要充分体现"五统一":统一教学思想,统一"双基""双力"(智力、能力)和"双育"的内容与要求,统一课时安排,统一达标题目,统一考核要求。同时提出改进教学方法的建议。四是撰写教案。各任课教师根据集体备课的备课提纲和各班的学情,撰写教案。此时,在不离开"五统一"的前提下,发挥各人特长。五是信息反馈。下一次集中时,把根据备课提纲实施时反映出来的重点问题提出来,供以后借鉴。

3. 时间安排

学校可根据各学科的特点，每学期规定几次，或每周一次，也可以根据学习内容每单元一次，视各校的教师组成情况而定。为了加强规范化管理，保证集体备课的时间，把集体备课的时间排进课表。

4. 集体备课的注意事项

一是集体备课要统一进行。集体备课的实质是同步教学，具体实施中教学目标、教学进度、作业训练、资料使用、检测评估等必须统一。特别是教学进度和目标检测，一旦失去了统一，就不能在集体讨论中获得正确的信息，及时矫正教学实践。

二是集体备课要适当超前。分配撰写备课提纲的任务和提供备课提纲要有一定的超前性，任课教师的提纲准备任务在制订学期教学计划时一并分配，便于教师早作准备，收集资料，钻研大纲和教材。备课提纲的讨论一般要超前1~2周。

三是集体备课要保持教材内容的完整。划定备课任务应考虑到教材内容的内在联系，保持其内容的完整性。一般依据教材的单元或章节来划分比较合适，切忌人为地将教材割裂开来。四是集体备课采取集中讨论与个人钻研相结合的形式。如果仅仅依靠听发言人的说课，讨论是不能成功的。要发动全组成员认真钻研大纲和教材，讨论的时候才可能各抒己见，百花齐放。集中讨论时，组长要善于引导，把大家的积极性调动起来。还要善于总结，概括大家的长处，指导中心发言人整理备课提纲。五是集体备课后要先进行适当试教。集体备课之后，由一人或几人进行试教，每次教后及时组织评课。执教者发挥自己的特长，上出自己的风格。备的内容统一，教的风格可以百花齐放，方法可以各有不同，千万不能出现"千人一面"的局面。六是集体备课要注意培养新人。集体备课的中心发言人一般挑选本组骨干，一来有把握，二来组长也省心，备课是贯穿于每学期的全过程，从培养新教师的角度出发，也应给新教师压压担子，让新手来当"中心发言人"，同时采取"青蓝结对"的方法，逐步放手，这样可以一举数得。

（三）上课

上课是指教师在学校里讲课或学生听教师讲课、学生获得知识的多向交流和互动过程。上课是教师整个教学工作的中心环节，是教师的基本功，通过上课教师把自己掌握的知识和教科书上的知识传授给学生，让学生经过记忆、练习、复习、消化吸收变成自己的知识。上课的主要形式有教师讲授、学生探究、质疑、提问、消化吸收和训练等。教师课上得好坏，直接关系到学生的学习兴趣和对新知识的理解接收能力，最终影响到教学效果。因此，教师上课是整个教学工作的关键环节，教师要在教学过程中，加强锻炼，不断增强自身的上课能力，不断提高上课水平，把复杂的问题、难以理解的知识点，化作简单的东西，让学生一学就会，一听就懂。掌握课堂的主动性，把机智、幽默和激情贯穿于课堂教学的始终，让学生在轻松愉快中完成教学任务，在欢声笑语中掌握知识。

1. 教学目标明确具体

教师根据教学大纲、教学计划和学生的情况，首先要明确每堂课的教学目标是什么，对教学后学生在知识、能力、情感态度等方面发生的变化有一个较清晰的把握，这样才能使课堂教学有一个清晰的目标指向。在描述教学目标时，不说空话、套话和模棱两可的话。

2. 教学内容正确适当

教师要教给学生正确的知识，教学内容必须是科学的、准确的，不仅如此，教学内容的数量要适当，教学内容不能远远超越学生的理解和掌握能力，让好学生能够吃得饱，差学生能够吃得了。所学知识之间要有连贯性，把章节之间、学科系统内部、已经掌握的知识等要融会贯通。教师在教学的过程中还要突出教学的重点、难点和关键点，以便学生更好地理解和学习。

3. 教学方法灵活运用

根据具体的教学目标和教学内容以及学生的实际情况，教师要选择适合的教学方法，并加以灵活地运用，使教学重点突出、难点分散，为学生提供探索与思考的空间，使学生能够举一反三，实现课堂中的多向交流。教学氛围要活跃、轻松、愉快，把所有学生的激情调动起来，积极参与教学的每一个过程和环节。

4. 教学结构严谨

教学要有计划性、条理性，教师要周密地考虑一些细节问题，如先讲什么，后讲什么，什么时候讲，什么时候练，什么时候演示，什么时候板书，板书写在什么位置等，都要先设计好，使课堂教学能够紧凑、连贯、顺利地进行。要有预见性，要预先思考学生在课堂上出现的问题和可能的情况，提出解决问题的预案。

5. 教师语言简洁生动、教态亲切自然

教师的语言是教师传递知识、启发学生思考、表达情感、吸引学生注意的最重要的媒介。教师教学语言既要科学准确，又要简洁生动，富于启发性。不要带口头禅，不要经常重复一句话，不要讲讽刺挖苦性的语言，学生有进步和取得成绩要及时用表扬性语言，经常用激励、鼓励语言，好学生是夸出来的，教师要切记这一条。教师的教态要自然、亲切、随和，易于学生接近，着装庄重、简洁、大方，奇装异服不能穿，过于暴露的衣服不能穿。

6. 适当的奖励

这一点在小学生中效果特别明显。利用班费购买一些学生喜爱的健康向上的小物品，如表现好的学生奖励一朵小红花、带有励志性内容的贴画等。开展"荣誉银行"活动，把表现好的同学名字存入"银行"，每周一公布，每月一评比，以此激励学生学习进步。

7. 教学效果良好

教学效果是评价一节课的关键。教学的目的是使每个学生都能得到发展，学生是否在原有的知识水平上得到提高，是否掌握了新的知识，是否增长了分析问题、解决问题的能力，情感态度是否受到积极的影响。这些可以从学生的课堂反映、作业质量、考试的成绩中了解到。坚决反对看似生动、眼花缭乱、华而不实的课堂，要善于启发学生思考，要精讲多练，要充分给予学生思考、探究、消化的时间，不要满堂灌，要让教师与学生、学生与学生之间充分互动,这样的课才能取得较好的教学效果。

要科学合理地利用多媒体教学,严格把握多媒体教学的容量,要根据学生的接受能力提供适当的内容量,这一点在小学教学中特别重要。在教学实践中有些教师给学生提供了大量的多媒体内容,学生如看电影一样走马观花地学习,看似内容丰富,拓展范围广,实际上根本达不到应有的教学效果。多媒体教学不能代替板书教学。

(四)布置、指导和处理学生作业

作业是指学生为完成学习既定任务而进行的活动。学生的作业分为两类,一类是课堂作业,另一类是课外作业。课堂作业是教师在上课时布置学生当堂进行操练的各种练习,课外作业是学生在课外时间独立进行的学习活动。按照学校所设置的课程,作业可分为语、数、外、理、化、生、政、史、地、音、体、美、思品和劳技、拓展与探究等内容。布置作业是为了帮助学生理解、巩固和提高课堂所学的知识,学生通过做作业,发现自身的弱点,增强学习的技巧,提高学习的自信心,从小培养敬业精神。

1. 要确立有效的作业观

作业只有在适当、适量和适时的时候才会有效。那些遵循学生认知规律、切合课程标准要求、符合知识建构原理的练习、作业,那些充分调动学生积极性、进取性、创造性的练习和作业,才能够真正发挥其巩固、强化和拓展的练习价值,才能实现师生共同发展。

2. 作业布置要有层次

学生彼此间是存在差异性的。为面向全体学生,促进人人成功,作业要根据学生的学习动机、学习基础、学习能力做到分层设计。作业设计应由易到难,也可设置一定的机动性作业即选做性作业。可以把作业设计为"必做"和"选做"两个层次。"必做"题要求全体学生都要完成,以达到教学的基本要求。有些概念上易混、易错的作业就需要必做。可以布置一些总结类作业、学案型作业、构建知识框架型作业、特色笔记等作为选做作业。这样既让中等以下学生"吃饱",同时也能让优秀生"吃好",让不同层次的学生都有收获。作业量过少、过于简单起不到良好的反馈、提高作用；作业量太多，学生在有限的时间内不能完成就会产生厌烦心理，从而不做作业；太难的作业，偏题、怪题、技巧题多数学生做不出来，课前先做调查、了解学生的实际情况，教师精选作业，根据教学内容和学生实际选择适量、适度的作业。作业精而细的优化设计，可以最大限度地拓展学生的减负空间，真正有效利用好作业，培养学生形成良好的学习习惯，提升自主学习能力，不断提高教学质量。

3. 给学生提供必要的解决问题的方法

要有效利用作业培养学生自主学习能力，教师除合理布置作业、严格作业要求外，更应该教会学生必要的解决问题的方法，让学生在做作业的过程中独立解决问题，进而提升自主学习能力，保证学生更好地完成作业。如怎样搜集和整理资料，遇到困难如何解决，怎样充分利用电脑和互联网解决一些探究性的问题等。另外，要求学生作业必须工整、清洁、层次分明，不能潦草。

4. 及时评价作业

要想真正发挥作业的效用，还要对学生作业情况进行及时反馈。教师对作业的及时反馈评价就能引起学生的重视，激发学习兴趣。因此，教师要采取多种形式及时检查、了解学生的作业情况，并指出作业的优缺点，对学生多进行鼓励评价，以不断调动学生自主学习的兴趣。

（五）传授学习的方法

1. 培养学生的学习动机

学生的学习动机是推动学生学习的内部动力，有什么样的动机就有什么样学习效果。要求教师在指导学生制订学习计划时要切合实际，目标不要定得过高，恰到好处地控制动机水平，实行小步快走的方略，当完成一个目标后，要不失时机地鼓励学生，不断激发学生的学习积极性。鼓励学生树立远大的理想和个人抱负，要树立正确的人生观和价值观，从而激发学习的积极性。要根据不同学生的基本情况控制学习的难易度，要不失时机地对学生进行奖赏，多采取正强化的措施，让学生在成就感中学习。要经常讲一些励志故事，介绍古今中外发奋学习的例子，为学生学习树立榜样。

2. 训练学生掌握学习迁移的方法

学习的迁移是指一种学习对另一种学习的影响或习得经验对完成其他活动的影响。通过学习的迁移，能够达到举一反三、触类旁通、闻一知十的效果。教师在教学过程中要有意识地训练学生掌握学习迁移的方法，合理安排学习时间和顺序，合理把握学习内容，要在精选教辅材料上下功夫，掌握每个学科的基础知识、基本概念、基本原理、基本技能和基本体系，并搞清楚它们之间相互关系和变化规律，这样才能达到事半功倍的效果。

3. 教授学生记忆的规律

人的记忆是一个复杂的心理过程，包括识记、保持、再认识或回忆三个基本的环节。一是教师要给学生讲清楚记忆的系统，即瞬时记忆、短时记忆和长时记忆，并怎样才能把瞬时记忆和短时记忆变成长时记忆的方法（复习）。二是抽出时间给学生讲一下遗忘规律，特别值得一提的是要重点把德国心理学家艾宾浩斯的遗忘曲线给学生讲清楚，并教授学生怎样充分利用遗忘曲线来提高学习效率。三是教授学生记忆的技巧，指导学生对获得的学习信息进行深度加工，有效运用记忆技术，传授对知识进行组织化编码、适当过度学习和复习等学习技巧。

4. 学习计划的制订和时间安排

在教学过程中发现很多学生根本没有什么学习计划，学习时间安排更无从谈起，越是低年级学生越是如此，这就要求教师要耐心地教授学生如何制订学习计划，如何有效地安排和利用时间，提高学习的效率。一是制订有效的学习计划。学生的学习计划包括平时计划、阶段计划和长期计划等，平时计划以通常的学习常规和临时性安排为内容；阶段计划以一个月或一个学期为一个周期；长远计划以一年或几年为周期。学习计划一般应包括对上学期（或前一阶段）学习情况的分析，简要说明所取得的主要成绩和存在的问题；提出本学期（或下一阶段）的努力方向并确定目标，学习时间如何安排，采取哪些措施，采用哪些方法等，做学习计划时要留有一定的余地。对低年级学生可以做简单的学习计划，对于中学生来说要做详细的学习计划，并把计划落到实处。二是科学的利用时间。学生的时间是有限的，怎样科学合理地利用时间提高学习效率，不是每个学生都能做到的，这就要求教师给予指导。要求学生根据自己的总学习目标，必须统筹安排时间，并通过阶段性的时间表落实。要高效利用最佳时间，确保在最佳状态学习最重要的内容；灵活运用零碎时间，提高时间的利用率。

5. 教授学习的技巧

在教授学习方法的基础上，学校要指导教师教会学生的学习技巧。虽说学习没有捷径可走，但是有很多技巧。如学生学习英语时，必须让学生学习好48个国际音标和读音规则，并熟练运用这些知识。英语是拼音文字，学习好音标就能很容易地掌握英语发音和拼写方法，学习英语既快又好。学习好汉字必须先学习好汉语拼音，汉字和汉语拼音能够相互印证，提高记忆效果；另外，教师要把汉字的偏旁部首和造字规律教给学生，让学生充分认识汉字的来源和组成。学习好化学要先学习好元素周期表，元素周期表里蕴含着很多化学信息，熟练运用周期表就可以知道元素性质、活泼程度、电子轨道数、化合价等。在数学方面教师要教会学生有关数字的规律，让学生随时就可应用。教师在教学过程让学生掌握并充分理解每门学科的基础知识、基本概念、定义，熟练掌握和运用公式，也是提高学习效果的窍门。这方面的例子还很多，教师要在教学过程潜心研究，并毫无保留地教授给学生。教师在教授以上方法的同时还教会学生怎样阅读、预习，怎样养成好的学习习惯等。

作为学校和一名优秀的教师，必须学习有关学习方法技巧的理论，结合工作实际潜心研究学习方法和学习技巧，并把这些方法教给学生，让学生掌握学习的规律和技巧，能够极大地提高学习效果。学校在这方面要特别引起重视，有目的的引导、督促教师做好这方面的工作。

第二节　听课评课与教学改革精细化管理

一、听课评课的精细化管理

听课是一种对课堂进行仔细观察的活动，它对于了解和认识课堂有着极其重要的作用。听课是提高教师素质、提升教学质量的重要方式，听课是教师进步的阶梯和自我检验的法宝。对于一个教师来说，对教材的理解不是很深，教法也不一定就适合学生，所以讲完后再听课，也是一种进步的途径。讲前听和讲后听都非常重要，每个人有每个人的教学思路与方法，每个人有每个人的优点，如果每一位教师将其他教师的经验尽可能地去掌握，将受益匪浅。

（一）怎样听课

很多时候课讲了，教师也听了，取得的效果却并不理想。当然，原因是多方面的，而不会听课，不知听什么应是主要原因。尤其是青年教师，他们缺乏这方面的指导，所以对于上课、听课、评课日常教学研究不加以重视，漫无目的讲课和听课是白白浪费时间，增加学生疲劳，增加教师的疲劳。

1. 要以鉴别和挑剔的眼光学会筛选

不管多么优秀教师的课，课堂也同样存在这样那样的问题，不要神化别人，那实际上就是愚化自己。要用自己的头脑去思考，去鉴别，不能全信，不能照搬，应该创造性地吸收，有选择地学习。这是我们听课要把握的原则。

2. 有准备地去听

听课的时候，我们应把自己定位为教学活动的参与者、组织者，而不是旁观者。听课前要有充分准备，对要讲的课程内容有所了解，了解上课教师的意图，知道要听的课，教学目的是什么，重点、难点是什么，这样，在听课的过程中就能做到有的放矢，带着问题去听。只有有"备"而听，并尽可能以学生的身份参与到学习活动中，才能获取第一手材料，从而为自己如何上好一堂课奠定基础。

3. 要当审美者不要当批评家

要多学习其他教师的长处、闪光点，为我所用。从这个角度讲，不仅要用美的眼光去感受讲课人的仪态美、语言美、板书美、直观教具美等外在的美，还要去领略讲课人如何通过精巧的思维、严密的推理、严肃的实证来充分展示科学的理性美，更要用心去体会教学过程中的尊重、发现、合作与共享，这是更高境界的美，值得每一位教师去永远追求。

4. 听课听什么

教学是涉及教师与学生双边的活动过程。一节课成功与否，不仅仅在于教师讲了多少，更在于学生学会了多少。所以听课应从单一听教师的"讲"，变为同时看学生的"学"，做到既听又看，听看结合，注重观察。

一听教师怎么讲的，是不是讲到点子上了。课堂教学确定怎样的教学目标，重点是否突出，详略是否得当。二听课讲得是否清楚明白。目标采用什么方式实现，如何引导学生复习回顾，回顾什么，学生能否听懂，教学语言如何。三听教师启发是否得当。新课如何导入，包括导入时引导学生参与哪些活动，创设怎样的教学情境，采取哪些教学手段，设计哪些问题让学生进行探究，如何探究（设计活动步骤）。四听学生的讨论和答题。设计怎样的问题或情景引导学生对新课内容和已有的知识进行整合，安排哪些练习让学生动手练，使所学知识得以迁移巩固，课堂教学氛围如何。五听课后学生的反馈。

对于学生的学习活动，听课者应该关注。学生是否在教师的引导下积极参与到学习活动中，学习活动中学生经常做出怎样的情绪反应，学生是否乐于参与思考、讨论、争辩、动手操作，学生是否经常积极主动地提出问题等。由于教学是一种学习活动，本质是学而不是教，而且教师活动是围绕学生的学习活动而展开的，因此在关注教与学双边活动时，更要关注学生的活动。

（二）听课中的观察和思考

1. 听课不但要听，还要看

一看教师，看教师的精神是否饱满，教态是否自然亲切，看教师板书是否合理，看教师运用教具是否熟练，看教法的选择是否得当，看教师指导学生学习是否得法，看教师实验的安排及操作，看教师对学生出现问题的处理是否巧妙……一句话，看教师主导作用发挥得如何。二看学生，看整个课堂气氛，学生是静坐呆听，死记硬背，还是情绪饱满，精神振奋，看学生参与教学活动，看学生对教材的感知，看学生注意力是否集中，思维是否活跃，看学生的练习、板演、作业情况，看学生举手发言、思考问题情况，看学生活动的时间是否得当，看各类学生特别是后进生的积极性是否调动起来，看学生与教师情感是否交融，看学生自学习惯、读书习惯、书写习惯是否养成，看学生分析问题，解决问题能力如何……一句话，看学生主体作用发挥得如何。

2. 听课要思考

听课必须伴随着多思考才能有进步、有提高。一边听，一边思考这样一些问题：教师对教材为何这样处理？换成自己该如何处理？教师是怎样把复杂问题转化为简单问题的？他的教学有什么值得自己学习的？重难点是怎样突破的？自己应怎样对"闪光点"活学活用？上得好的课，应该看得出学生是怎样从不懂到懂，从不会到会，从不熟练到比较熟练的过程。在课堂上，学生答错了，答得不完整，答得结结巴巴，这是正常现象，正因为这样才要学习。教师的作用也就是在学生答错时，能加以引导，答得不完整时，能加以启发。所以听课，一定要注意看实际效果，看学生怎么学，看教师怎样教学生学的。思考之后，可以和自己的备课思路进行对比分析，大胆地去粗取精，扬长避短，写出符合自己特点的教案。

3. 听课要有反馈式交流

才有进一步的深化。听课中要使思维和讲课教师、学生的思维一致。听课后，能比较详细地向讲课教师汇报收益与看法，在具体问题上做进一步的切磋，共同探讨如何做得更好，为下一步评课做好准备。

4. 向别人学习，其实也是一种创造

这种创造有赖于自己的观察、思考与探索，只有通过这样的努力才能将别人的教育教学思想转化为自己的理念，而不仅仅是表面上的方法与技巧的增多。要达到这样的目的，首先要想办法提高自己的思想素养，让自己能够站在一定高度上来学习别人的经验，并逐步形成自己的教育思想、教育理念。

（三）如何评课

评课是指对课堂教学成败得失及其原因做中肯的分析和评估，并且能够从教育理论的高度对课堂上的教育行为做出正确的解释。是在听课活动结束之后的教学延伸，是加强教学常规管理，开展教育科研活动，深化课堂教学改革，促进学生发展，推进教师专业水平提高的重要手段。

1. 从教学目标上评课

教学目标是教学的出发点和归宿点，它的正确制订和达成，是衡量课好坏的主要尺度。所以分析课首先要分析教学目标。现在的教学目标体系是由"知识与技能、过程与方法、情感、态度与价值观"这三个维度的组成的，体现了新课程"以学生发展为本"的价值追求。如何正确理解这三个目标之间的关系，也就成了如何准确把握教学目标，如何正确地评价课堂教学的关键。

2. 从处理教材上评课

评析教师一节课上得好与坏，不仅要看教学目标的制订和落实，还要看教者对教材的组织和处理。在评析教师一节课时，既要看教师知识教授的准确科学，更要注意分析教师教材处理和教法选择上是否突出了重点，突破了难点，抓住了关键。

3. 从教学程序上评课

教学目标要在教学程序中完成，教学目标能不能实现要看教师教学程序的设计和运作。因此，评课就必须要对教学程序做出评析。教学程序评析包括以下几个主要方面。一看教学思路设计。二看课堂结构安排。

4. 从教学方法和手段上评课

评析教师教学方法、教学手段的选择和运用是评课的又一重要内容。一看是不是量体裁衣，优选活用。二看教学方法的多样化。三看教学方法的改革与创新。

5. 从教师教学基本功上评课

教学基本功是教师上好课的一个重要方面，所以评课还要看教师的教学基本功。从板书、教态、语言、操作等几个方面进行评价。

6. 从教学效果上评课

看课堂教学效果是评价课堂教学的重要依据。课堂效果评析包括以下几个方面。一是教学效率高，学生思维活跃，气氛热烈。主要是看学生是否参与了、投入了，是不是兴奋、喜欢。还要看学生在课堂教学中的思考过程，这是非常重要的一个方面。按照课程标准的要求，不仅包括知识与技能，还包括解决问题的能力、思考能力和情感、态度、价值观的发展，思考是非常重要的。有的课学生很忙，但思考度很低。二是学生受益面大，不同程度的学生在原有基础上都有进步。知识、能力、思想情操目标达成，主要看教师是不是面向全体学生，实行了因材施教。三是有效利用课堂时间。学生学得轻松愉快，积极性高，当堂问题当堂解决，学生负担合理。

课堂效果的评析，有时也可以借助于测试手段。上完课评课者出题对学生的知识掌握情况当场做以测试，而后通过统计分析来对课堂效果做出评价。

二、教学改革的精细化管理

教学改革是学校改革的核心，是提高教学质量，提升人才培养工作水平，顺利实现学校人才培养目标的唯一途径。教学改革包括教学方法、教学手段、教学模式等方面的改革。教学改革是课程改革系统工程中必不可少的一环，课程改革有着相对统一的模式，对学校来讲，需要的是充分的理解和坚定的执行。在课程改革今天，教学改革的成功与否，既决定着课堂教学效率的高低，更决定着课程改革是否在课堂中能够生根发芽。

（一）围绕学生进行教学改革

1. 让学生参与课堂

在课堂教学的过程中，课堂教学设计越是复杂，教师对教学内容的处理越是精妙，学生参与课堂的机会就越少，参与的深度反而越低。要让学生参与课堂，就得让教师让出课堂，学生是课堂的主角，教师是课堂教学的组织者。在目前情况下，让学生参与课堂教学得有个让教师和学生适应的过程，目前有很多成功案例可以借鉴。也可以先从低年级开始试点，逐步摸索经验全面推广。实践证明选择在薄弱班级实施，效果可能更好些。

2. 让学习主导课堂

学生到课堂是来学习的，教师到课堂是来教学的，解决好教学主导课堂还是学习主导课堂这个问题是教改的关键。在新教学改革过程中，应该让学生的学习主导课堂，这就要求教师在课堂教学中想方设法压缩讲的时间，尽可能地保障学生的学习时间。为了保证学生的学习效果，让学生在教师教学之前，主动地学习新的教学内容，通过学习的过程暴露学生的学习问题、学生的学习困惑，以便在课堂学习时得到解决。

3. 把学生组织起来

教师把课堂还给学生的同时，必须当好导演，在把学生有效地组织起来上下功夫，充分利用同学之间的学习资源，来营造互帮互助共同受益的学习组织和学习氛围，采取"让学生教学生，让学生帮学生"的方式，让学生在课堂学习中学会团结、在课堂团结中学会学习，充分调动学生个体和群体学习探究的积极性，大家在这个群体中互相学习，互相启发，互相鼓励，比学赶帮超，才会在知识学习的路上取得可喜的成绩。在一些课堂上尝试小班制和个人积分制，更能激发学生的荣誉感和学习积极性。

（二）完善学习的过程

学习的过程是指学生自身如何学的过程，而非教师如何教的过程。学习的效果是学生的反思和发现，教师所起的角色是引导者和信息资源的提供者。根据学生记忆特点和学习规律，一个完整的学习过程应包括预习、课堂学习和复习巩固等阶段。在教学过程中教师只注重课堂教学，被动地让学生学，而预习和复习的环节缺失，导致学习的效果差，学生学习吃力等。

1. 预习

预习是学生学习的重要一环，只有通过预习才能引发学生的好奇心，只有好奇心才能够最大限度地引导学习，并达到最好的学习效果。预习也是学生提前熟悉教学内容，发现问题的过程，通过预习让学生在课堂上能够有的放矢地学习。现在有很多地方开始了有益的探索如："先学后教""导学案"等弥补学生没有预习的学习过程。

2. 课堂学习

课堂学习是获取知识的主要来源。听课是学生接受知识、理解知识、掌握知识、增长知识的重要环节和途径。在课堂上，不仅可以听到教师对知识的精心讲解，还可学到教师分析问题、解决问题的方法，并通过课堂练习，使所学知识得以巩固。因而，课堂学习效率的高低，对学生学习成绩的优劣起着决定性的作用。课堂学习是发展智力的重要途径。搞好课堂学习，必须充分运用智力，即充分运用观察力、思维力、记忆力和想象力。而智力只有长时间地运用才能得到发展，努力提高课堂学习有利于智力的发展，而且智力发展了会大大促进课堂学习效率的提高。总之，高效的课堂是学生获得知识、发展智力最有效便捷的途径。

3. 复习

复习是学生对所学知识的巩固提高，通过复习把将要遗忘的知识记住，使对其印象更加深刻。如果学生没有自主复习的能力，教师在进行完一个单元后，带着学生进行系统的复习，将知识掌握得更加牢固。

（三）改革课堂教学

1. 增加课堂的吸引力

教师的课堂教学如果没有吸引力，学生就会拒绝听讲，昏昏欲睡，就达不到要求的教学效果。在今天，虽然教学仍然是为了传授知识，但却离照本宣科的教学形式越来越远，教师不但要知道自己在教什么，更重要的是要关注自己的教法是否能够引发学生的学习兴趣，能否维持学生的学习兴趣，让学生乐于上课。

一是教师学识的征服力。教师的知识面要广，既要有专业的知识，又要有多学科知识；既要有书本知识，又要有社会知识；既要有学科现在知识，又要有学科发展动态知识。教师只有勤奋学习，博览群书，才能在授课过程中旁征博引，涉猎古今，其渊博的知识才能令学生折服，使学生心悦诚服地学习你所传授的知识。教师只有通过不断的学习，努力掌握新知识，新理论，形成新观念，不断拓展知识面，才能使自己拥有的知识不老化，不陈旧；才能使自己所传授给学生的知识是最新的，最适合时代需要的；才能使学生觉得学有所得，学有所用。

二是教学内容的穿透力。教师应熟悉教材，而熟悉教材首先需要通读教材，明确各章节在教学体系中的地位和作用，熟悉难疑点的分布，做到心中有数。然后对各章节教材内容进行深入地钻研，透彻地了解，确定本节教学内容的深度、广度、重点和难点。重点要突出，难点要讲透，并要注重理论联系实际，指导学生运用所学知识去解决实际问题，提高他们解决问题的能力，激发学生的学习兴趣。

三是教学方法的激活力。好的教学方法是增强课堂吸引力的关键。要诱发学生学习的积极性，增强课堂吸引力，教师不能照本宣科或满堂灌，不能我讲，你听，我写，你抄，我给，你收。要让学生积极思维，激发求知欲，要不时地提出一些问题，给学生心理形成一定的压力，从而使学生能振奋精神，集中注意力。此外，在教学过程中还应鼓励学生提问，形成课堂上的互动，使自己的教学做到有趣、有味、有奇、有感，从而增强课堂的吸引力。

四是强烈的语言感染力。教学是一门科学，又是一门艺术，教师在讲坛这个大舞台上就像演员一样展现美、传递美、创造美。语言是教学的重要工具，教学中语言简练清晰，生动活泼，能激发学生的学习兴趣，调动学生思维的积极性,能加深对知识的理解。简洁生动、幽默诙谐、有张有弛、抑扬顿挫、深入浅出的语言,不仅能把文字讲得有理有情、有声有色,而且能收到"言之有物,言之有理,言之有情"的语言美的功效。

五是较强的亲和力。课堂上教师做到端庄中见微笑,严肃中见柔和,以生气勃勃,充满活力的情态、风度、品格展现教学魅力,给学生以自然、亲切、舒畅的美感。与学生建立一种平等、民主、互信、和谐的双边关系,与学生情感相通,心理相融。而要做到这些,教师就必须注重自身素质的修养,既要有优美、健康的外貌,还要有高尚的思想境界、较高的品行修养、广泛的知识结构、很强的能力水平。只有这样才会给学生积极而深刻的正面影响,从而产生一种强大的磁场效应,使其对教师有一种信任感。

总之,学生最大的学习兴趣是参与,参与容易使人获得成就感,能够激发学习兴趣和积极性。采用多样化的教学手段,多形式的教学内容呈现,学生的积极参与,让学生快乐地学习,快乐地成长,增加课堂教学的吸引力。

2. 拓展课堂教学宽度

课堂教学拓展是指在课堂教学过程中依据该课的教学内容、教学目标、教学目的,在一定范围和深度上与外部相关的内容密切联系起来的教学活动。课堂拓展旨在加强对教学内容的深入理解,在深度和广度上培养学生的探究意识和兴趣,建立科学的思维方法和探究方法,在认识问题和解决问题的能力上得到提高,促进学生均衡而有个性地发展。课堂教学拓展的方式方法是多样的,可以是专题的,可以是不同阶段不同梯度的,对学生可以是口头的、文字的、动手操作的、形体的,课内的或课外有所准备的等,采用什么方式方法是由教学内容决定的。

拓展课堂教学的宽度应注意以下几点:一是拓展应根据学生的真实水平,不可好高骛远,人为地给学生创设学习障碍。二是既要基于教材,又要高于教材,把握难度系数,有时候降低教学内容的难度,让学生在学科学习上有成就感,给学生更多自主学习的时间,才是取得好成绩的捷径。三是拓展需要情景真实,贴近现实生活。四是拓展要达到让学生学以致用的目的。

学生的成功并不是单一学科的成功，而是所有学科共同的成功。今天的课堂教学已经不再是哪一个学科教师的课堂，还需要学科教师走出自己的课堂，去配合其他学科教师的课堂教学。要让学生全面发展，要让学生不偏科，这样的要求并不是对学生的，而是针对培养学生的教师的，要达到这样的目标，就意味着学科教师之间要团结协作，要互帮互助。

3. 教学有法，但教无定法

只有能够有效地完成课程改革赋予的教学使命，只要能够有效地帮助学生达成学习目标。同一所学校，应该允许课堂教学有多种多样的模式。一所真正优秀的学校，并不是把某一种教学模式做到极致，而是学校每一位教师都寻找到与自己相适应的教学模式。但是，在多种多样的课堂教学模式的背后，对课堂教学规律的遵循，对课堂教学发展趋势把握，还是不可缺少的。

第三节　试卷与学生成绩的精细化分析方法

一、试卷的精细化分析方法

考试是一个完整教学过程中不可缺少的组成部分，是对教和学的质量检验。考试对教学有巨大的指挥作用，社会对考试有强烈的反响，对于考试的结果，有必要进行认真的研究和分析。在试卷分析工作中，要运用考试理论和教学理论，对考试结果进行研究，促进教师对教学过程的反思，进而找到下一步工作的方向和改进的措施。考试结果可以反馈出大量的信息，可以反映出整个教学过程的得失。例如反映出各个教学环节的一些情况，反映出学生的基础和能力的状况、反映出学生的学习特点和规律。一般在命题的时候，会有多方面的设计，考试结果可以反映命题和考试本身的一些情况，也就是测量工具、测量方法和测量过程的情况。分析这些信息，能引起教师很多思考，可以形成一些认识，提出一些观点和建议，供学校决策时参考，为学校制订工作策略提供依据，对教师和学生提供指导。可见，试卷分析是一件很重要的工作。

试卷分析与试卷讲评是有区别的。很多教师将试卷分析与试卷讲评混为一谈，往往在课堂上将试题逐一讲解，就以为是进行试卷分析了。实际上，"试卷分析"是根据考试的卷面结果所反馈的大量信息，利用数学和统计学的分析方法，通过数据收集与处理，进行知识掌握、能力培养等一系列教学效果分析，得出定量或定性结果的教学反馈环节之一，是为教师进行教学调控提供依据的重要手段之一，就是给教师自己"看"的。而"试卷讲评"则是根据试卷分析的结果，面向学生进行的、着重于反馈与更正的一种教学行为，即是给学生"看"的。

（一）基本概念

1. 难度与难度系数

难度即测试题目的难易程度。一般在能力方面的测试中，它作为衡量测试题目质量的主要指标之一。它是衡量试题质量的一个重要指标参数，它和区分度共同影响并决定试卷的鉴别性。难度的计算一般采用某题目的通过率或平均得分率。测试的难度水平多高才合适，这取决于测试的目的、题目的形式和测试的性质。

难度系数反映试题的难易程度，难度系数也可以理解成容易度系数，是0~1之间的量值。难度系数数值越大，试题总体越容易，反之，难度系数数值越小，则表示试题难度越大。难度系数一般分整卷难度系数和单题难度系数。

2. 期望难度与实际难度

期望难度。根据应试者的实际情况和考试所要承当的功能，命题时预设的难度系数。

实际难度。是应试者考试的结果，与应试者实际学业水平有关。通过比较"期望难度"和"实际难度"，可以了解教师教学重点把握情况；可以了解学生掌握知识的真实情况，例如教学目标的达成水平、模块掌握水平、某种题型的解题能力等一系列问题。

3. 区分度

区分度D是试卷分析的一个指标，反映了试题对考生素质的区分情况。其数值在-1~1之间，数值越高，说明该试题的区分性越好。

4. 标准差

标准差在概率统计中经常使用，作为统计分布程度上的测量方法。标准差定义为方差的算术平方根，反映组内个体间的离散程度。标准差在试题分析上是反映学生成绩离散趋势的指标。

5. 正态分布

正态分布又名高斯分布，是一个在数学、物理及工程等领域都非常重要的概率分布，在统计学的许多方面有着重大的作用。正态分布的概率密度函数曲线呈钟形，因此人们又经常称之为钟形曲线。

统计规律表明，考生的智力水平，包括学习能力，实际动手能力等呈正态分布。因而正常的考试成绩分布应基本服从正态分布。成绩分析要求绘制出学生成绩分布的曲线或直方图，以"中间高、两头低"来衡量成绩符合正态分布的程度。综合考察标准差与平均分以及成绩分布的曲线，可以了解学生成绩的分化程度、分布密度等情况。

（二）试卷分析的内容

1. 整卷难度分析

了解难度把握（平均分）、离散程度（标准差）、分数段分布（正态分布）、试题得分分布（期望难度的布局与实际情况的差异）。

2. 难度层次分析

通过对"容易题""稍难题""较难题"的得分情况分析，了解学情把握、教学定位是否准确等问题。

3. 知识结构分析

通过对知识板块得分情况分析，了解学生知识板块的掌握结构以及教学目标达成情况。

4. 题型得分分析

了解"选择题""填空题""解答题"等题型的解题能力水平。

5. 命题质量分析

考察试题区分度,了解试题质量以及考试结果的信度水平。

6. 相关性分析

通过研究某些特性的个体与整体的相关系数,进行该特性的个体差异性分析,如女生群体与整体的相关性分析。

(三)教学、命题提出调整与改进的策略

1. 立足于教材,重视基础

教材是教学之本,在教学中,既要以教材为本,扎扎实实地渗透教材的重点、难点,不忽视有些自己以为无关紧要的知识;又要在教材的基础上,紧密联系生活,让学生多了解生活中的数学,用数学解决生活的问题。

2. 教学中要重在突出学生的学习过程,培养学生的分析能力

在平时的教学中,作为教师应尽可能地为学生提供学习材料,创造自主学习的机会。尤其是在应用题的教学中,要让学生的思维得到充分的展示,让学生自己来分析题目,设计解题的策略,多做分析和编题等训练,让有的学生从"怕"应用题到喜欢应用题。

3. 多做多练,切实培养和提高学生的计算能力

要学生说题目的算理,也许不一定会错,但有时他们是凭自己的直觉做题,不讲道理,不想原因。这点可以从试卷上很清晰地反映出来,教师要有计划地帮助学生提高计算的能力。

4. 关注生活,培养实践能力

加强教学内容和学生生活的联系,让数学从生活中来,到生活中去是数学课程改革的重要内容。多做一些与生活有关联的题目,把学生的学习真正引向生活、引向社会,从而有效地培养学生解决问题的能力。

5. 关注思维训练,引导探究创新

数学教学不仅要使学生获得基础知识和基本技能,而且要着力引导学生

进行自主探索，培养自觉发现新知、发现规律的能力。这样既能使学生对知识有深层次的理解，又能让学生在探索的过程中学会探索的科学方法。让学生的学习不仅知其然，还知其所以然。

二、学生成绩的精细化分析方法

分析学生考试成绩是学校教学管理工作之一。如何做好这项工作，却有很多值得研究的地方，尤其是教务处和班主任，因为担负着全面提高班级学习成绩的主要责任，这项工作显得特别重要。

提高成绩需要明确起点，及时发现学生的问题，把握变化趋势，不断调整教与学的策略，这一切都建立在掌握学情的基础之上，分析成绩是掌握学情的主要方式之一。班主任不仅要分析自己所教学科，还要分析学生各门学科成绩；不仅要分析班级整体成绩，还要分析学生个案。分析成绩不是枯燥的数据堆砌，也不是毫无意义的数字游戏，科学地分析成绩，可以从中了解大量的有关学生学习状况的信息，据此寻找教师教学和学生学习上存在的问题，为进一步改进教学、提升学生学习水平提供参考。

（一）班级整体成绩分析

学生的成绩可以分成绝对成绩和相对成绩两种。每次考试的分数就是绝对成绩。绝对成绩与试卷难易、学生的基础有很大关系，所以只分析绝对成绩是不够的，与绝对成绩相比"相对成绩"更有参考意义。所谓相对成绩，就是绝对成绩在参考人群中的排位，或者叫名次。虽然有很多人以各种理由反对给学生排名，但因几乎所有的大型选拔性考试（如高考）都是根据相对成绩筛选出入围考生的，因此，排名的问题无法回避。

现在计算机和网络都很发达，获取学生的成绩相对更加容易。考试的级别不同，参考的人数不同，成绩也是各种各样的，人数越多成绩的参考价值就越大。比如高中的市级统考，每一个考生在全市参考学生中的位置是很精确的，结合这个地区每一年高考本科上线的人数（这个数据比较稳定），就可以大致了解这名考生在全体考生中所处的层次。

对于班主任和任课教师来说，可能更加关心学生在年级考试中的相对成绩，所以年级名次这项指标非常重要。

（二）学生成绩个案分析

1. 建立学生个人成绩档案

学生个体进步了，班级整体才能进步。每个学生的情况都是不一样的，有效的教学更加关注学生个案。所以，除了班级成绩档案之外，还应该建立学生个体的成绩档案，这个需要花一些时间，但是，档案建立后，可以非常清楚地了解学生的学情。

用一张Excel表格即可建立全班同学成绩档案，每一个学生一张工作表，需要时随时调出查询。因每次更新工作量较大，班主任可以让学生自建个人成绩档案，在学习委员处汇总，每次自己更新。自建成绩档案，不仅让班主任省事，还可以让学生更加了解自己的状况，培养对自己负责的态度，一举两得。

班主任和学生本人不仅要关注上表中的总分排名一栏，更要注意的是各门学科的相对强弱。在每次考试各学科成绩后都附有相对成绩，这样可以了解学生总分找到努力的方向，有针对性地进行学习，这样就能很快提高总分。

2. 成绩波动区间

学生考试成绩与学习水平成正比。对于一个正常学习的学生来说，知识在逐步积累，理解能力也在逐步提高，但考试成绩却不一定提升。要想提高考试成绩，特别是相对成绩，就需要额外地付出努力。

学习水平提升是非线性的，呈阶梯式上升。你可能付出了很多努力，但是不一定立即见效。这时学生往往会产生情绪心理上的波动，认为努力了没有用，需要教师及时疏导。教师应该让学生明白成绩提高的基本规律。即在成绩取得实质性提高之前，需要做长时间的积累，当知识的积累到一定程度后，才能融会贯通形成网络。有针对性的训练必不可少，训练可以巩固知识掌握的牢固程度和运用的熟练程度。各个方面的积累都到位了，成绩上一个台阶就会水到渠成。

学校和学生都应该了解成绩的正常波动区间，正确评估教学和成绩的水平。在一段时期里，成绩具有一定的稳定性，但会在某一个范围内波动，这是正常的，要尽量减少成绩波动给学生心理和情绪上带来的波动。

3. 个人最佳水平

将学生在一段时期里的各次考试中各门学科出现的最高分相加，得出该生理论上可以达到的最佳成绩。虽然这是一种假想的情况，但是对学生来说，却是最实实在在的鼓励，即这些成绩都是自己考出来的（尽管不是同一次考出来的），如果每门学科都正常发挥的话，我完全可以达到这个高度。那么我以后要做的，就是尽量让最好的成绩出现在同一次考试中，这样就可以大幅度提高总分，进入优秀的行列。用这种激励方法可以大幅度提升士气，让学生感觉到奋斗目标并非遥不可及，是一种很好的励志。

第四节 教育科研的精细化管理

教育科研是以教育理论为指导，以教育领域中发生的现象为对象，以探索教育规律为目的的创造性认识活动。简单地说，就是教育工作者在一定的理论指导下，对教育中的现象和问题进行研究，透过表面的、零散的问题，从中找到本质的、规律性的东西。教师处在教育教学第一线，对教育教学中遇到的各种问题，结合自身的发展需要，通过不断地自我反思过程，有的放矢地开展教育教学研究，对提高自身综合素质，增强实践能力和自我超越能力，提高教育工作成效，非常重要。

一、教育科研对教师的重要性

教师在教学第一线，工作中会遇到很多问题，开展教育科研活动，针对性非常强。通过教育科研活动，既可以解决教育教学的实际问题，又可以提高教育教学的效果，在教育科研的过程中教师本身也能够得到很好的锻炼和提高，这种优势是理论研究者所没有的。

（一）教师参与教育科研是提高自身素质的有效途径

推行素质教育，首先必须培养高素质的教师。提高教师素质的途径很多，教育科研是全面提高教师素质不可或缺的方式。教育科研是一项综合性很强的工作，涉及教育学、心理学、管理学、专业学科和其他学科等，教育科研的过程就是教师知识构建和更新提高的过程，通过教育科研可以提高教师的科学文化素质，优化教师的知识结构。教师的教育科研一般结合自身的教育实践，通过教育科研发现问题，并提出解决问题的新办法、新方式、新策略，从而促进自身教学技能的不断更新和提高，有助于提高教师的教学素质。教育的目的是为社会培养大量的创新人才，教师通过时代感、整体性和开拓性的教育实践活动，可以培养教师创新意识，开发教师创造力，提高教师创造性教育的能力。

（二）教师参与教育科研是提高教育教学质量的有力保证

教学是教育的重要组成部分，提高教学质量是教育的永恒主题，提高教学质量离不开科学研究的引导。教师通过教育科研，能够把教育教学的实践经验提升到理性的高度，把探索的教学规律、获得的科研成果，及时地运用到教学过程中去，促进教学水平的提高。教学工作是一个动态的过程，也是一个不断创新的近程，因此，教师的教学方法、手段、内容等也必须根据不同时期不断变化。为了适应不断变化的教学环境，教师需要不断地探索、研究和优选教学方法和教学手段。新时期在教育面临深刻变革的形势下，教育的新任务、新的课题和要求不断出现，教师必须自觉地进行教育科学研究，并把新教育理论运用到教学实践中去。因此，教育科研对于提高教学质量具有极其重要的意义。

（三）教师参与教育科研能够使教师更加热爱教师职业

教师如果年复一年的重复发生的事情，既枯燥乏味又没有兴趣，这就是所谓的"职业倦怠感"。事实上教育与科研是分不开的，学校、教室就是最好的实验室，教师在进行常规的教育教学活动的同时进行着教育科研活动。长期以来，我们只注重教师的职业价值和社会地位问题，通过这些来激励教师的外部动机，忽视了教师怎看待教师职业和以怎样的德才学识来发挥自身的内部动机的效用。实践证明，积极开展教育科研活动，能增强和提高教师劳动的创造性，能使教师的教学由经验型简单重复性职业活动，转变为创造性的教育活动，能为教师提供发挥才干的机会，满足成就感，从而提高教师的职业价值，使其更加热爱教育事业。

二、教育科研的内容

学校教育科研的内容非常丰富，教学、管理、德育等在学校教育教学中出现的问题和现象，都可以成为教师研究的对象。目前教师教育科研主要途径有如是几种：从班主任工作中遇到的实际问题中提炼出课题，从学科教学改革实践中发现课题，从合作课题中确定个人承担的子课题，从成功的经验中找出自己需要深入研究的课题，从国内外教育信息的分析中发现问题。但是，在当前很长一个时期内，学校科研的重点应放在深化教育改革，全面推进素质教育的问题上。全面推进素质教育，是我国教育事业的一场深刻变革，是一项事关全局、影响深远和涉及社会各方面的系统工程，这也为教师的教育科研活动提出了新的课题。

（一）教学改革的指导思想研究

教学改革以什么思想为指导，关系到教学改革的方向和成效。全面贯彻党的教育方针，以提高国民素质为根本宗旨，以培养学生的创新精神和实践能力为重点，造就有理想、有道德、有文化、有纪律，德、智、体、美、劳等全面发展的社会主义事业建设者和接班人。这是我国各级学校教学改革的出发点和归宿，也是教学改革的根本指导思想。

（二）课程改革研究

学校教学内容的核心是课程设置问题。学校的课程设置使各科的教学内容形成一个完整的教学体系，成为学校培养人才的蓝图。如何适应素质教育的要求，建立新的基础教育课程体系，试行国家课程、地方课程和校本课程，如何改变课程过分强调学科体系、脱离时代和社会发展以及学生实际的状况，如何压缩必修课、适当增加选修课、开好活动课程等。这些都是在课程方面为教师提出的许多新的研究课题。

（三）教学组织形式改革研究

教学是有计划、有组织的实践活动，任何教学活动必须在一定的组织形式中进行。长期以来，我们采用的是班级授课制。班级授课制的主要优点是有利于培养人才，有利于发挥班集体的教育作用，有利于发挥教师的作用。但是，它的缺陷也是非常明显的，那就是不利于因材施教，不利于发展学生的个性，不利于调动学生学习的积极性、主动性。因此，如何发扬班级授课制的优点，汲取其他教学组织形式的长处，灵活多样地组织实施新课程教学，最大限度地发挥学生的主体作用等，已成为教育改革发展所关注的热点和焦点。

（四）教学方法改革研究

改革教学方法是教学改革的重要课题之一。这是因为不少教师所采用的教学方法，概括起来就是注入式，要求学生死记硬背。中共中央国务院在《关于深化教育改革全面推进素质教育的决定》中要求，"积极实行启发式和讨论式教学，激发学生独立思考和创新意识，切实提高教学质量"。因此，如何适应现代社会和学生身心发展规律的要求，探索多种多样的、机动灵活的教学方法，变单调的知识传输、接收，为形式多样丰富多彩的思考、探索活动，提倡自主、合作、探究学习和高中的研究性学习，使学生生动活泼地、主动地得到发展，是亟待加以研究的课题。

（五）评价标准和评价机制研究

教育评价是影响教育发展的杠杆，对于教育的发展起着关键性的作用。我们要培养什么样的人才，怎样的教育才符合学生发展的需要，怎样的管理才有利于教育的发展，应该以什么样的方式方法开展教育质量评价等等问题，都是需要加以研究的。

三、教育科研的方法

常用的教育科学研究方法有：观察法、调查法、历史法、比较法、统计法、实验研究法和行动研究法等。

（一）观察法

观察法是教育科学研究常用的一种方法。研究者依据一定的目的和计划，在自然条件下，对研究对象进行系统的、连续的观察，并做出准确、具体和详尽的记录，以便全面而正确地掌握所要研究的情况。观察法的一般步骤是：一是事先做好准备，制订观察计划，先对观察的对象作一般的了解，然后根据研究任务和研究对象的特点，确定观察的目的、内容和重点，最后制订整个观察计划，确定进行观察全过程的步骤、次数、时间、记录用纸、表格，以及所用的仪器等。二是按计划进行实际观察，在进行观察过程中，一般要严格按计划进行，必要时也可随机应变，观察时要选择最适宜的位置，集中注意力并及时做记录。三是及时整理材料，对大量分散材料进行汇总加工，删去一切错误材料，然后对典型材料进行分析，如有遗漏，及时纠正，对反映特殊情况的材料另做处理。

（二）调查法

调查法是研究者有计划地通过亲身接触和广泛考察了解，掌握大量的第一手材料，并在这一基础上进行分析综合，研究有关教育实际的历史、现状及发展趋势，找出科学的结论，以指导教育实践的方法。调查法一般是在自然的过程中进行，通过访问、开调查会、发问卷、测验等方式去搜集反映研究现象的材料。调查法常同观察法、历史研究法、实验法等配合使用。调查法的步骤：一是制订调查方案。选定调查对象，确定调查范围，了解调查对象的基本情况。研究有关理论和资料，拟订调查计划、表格、问卷和谈话提纲等，规划调查的程序和方法及各种必要的安排。二是按方案进行调查。通过各种手段搜集材料，必要时可根据实际情况，对方案作相应的调整，以保证调查工作的正常开展。三是整理材料，研究情况，包括分类、统计、分析、综合，写出调查报告。

（三）历史法

历史法强调历史传统和民族特性对教育的决定性作用，注重广泛搜集研究教育的历史文献资料，鉴别和整理史料，分析比较研究教育的发生和发展过程，最后得出相应的结论。

（四）比较法

比较法是对某类教育现象在不同时期、不同地点、不同情况下的不同表现，进行比较研究，以揭示教育的普遍规律及其特殊表现的方法。采用比较法要注意社会经济制度、政治制度、历史传统、科学和技术以及文化发展的水平、教育理论及其在实践中的反映等，明确可比较的指标，从而正确掌握教育发展的基本趋势，明确可以借鉴和学习经验。比较法的步骤：一是描述。准确、客观地描述所要比较的教育现象的外部特征，为进一步分析、比较提供必要的资料。二是整理。把搜集到的有关资料进行整理，如做出统计材料，进行解释、分析、评价，设立比较的标准等。三是比较。对资料进行比较和对照，找出异同和差距，提出合理运用的意见。比较法在应用时要同其他方法互相配合。

（五）统计法

统计法是通过观察、测验、调查、实验，把得到的大量数据材料进行统计分类，以求得对所研究的教育现象作出数量分析的结果的方法。这是数理统计方法在教育方面的应用。在教育实际工作中，经常使用描述统计研究情况，如整理实验或调查来的大量数据，通过数学建模、计算机分析等，找出这些数据分布的特征，计算集中趋势、离中趋势或相关系数等，将大量数据简缩，找出其中所传递的信息。同时，还可进一步使用推断统计法，即利用描述统计取得的信息，通过局部去推断全局的情况。此外，近年来随着统计学的发展，提出了实验设计，要求在较严谨的实验研究中检验设计中所列的自变量和因变量之间的关系，建立函数关系和数学模型，找出变化的规律。统计法一般分为两大步骤：一是统计分类。整理数据，列成系统，分类统计，制统计表或统计图。二是数量分析。通过数据进行计算，找出集中趋势、离中趋势或相关系数等，从中找出改进工作的措施。使用统计法，必须学会科学的推理方法和掌握统计计算的技术。

（六）实验研究法

实验研究法是在人工控制教育现象的情况下，有目的有计划地观察教育现象的变化和结果的方法。实验法可分为实验室实验法和自然实验法。前者基本上是在人工设置的条件下进行，可借助各种仪器和现代信息技术。后者在日常教育工作的正常条件下进行。两者都要保证受试者处在正常的状态中。实验法一般分三种：一是单组法。就一个组或班进行实验，看施加某一实验因子与不施加实验因子，或在不同时期施加另一实验因子在效果上有什么不同。二是等组法。就各方面情况相等的两个班或组，分别施以不同的实验因子，再来比较其效果。三是循环法。把几个不同的实验因子，按照预定的排列次序，分别施加在几个不同的班或组，然后把每个因子的几次效果加在一起，进行比较。

实验法的步骤：一是决定实验目的、方法和组织形式，拟定实验计划。二是创造实验条件，准备实验用具。三是实验的进行，在实验过程中要做精确而详尽的记录，在各阶段中要做准确的测验。四是处理实验结果，考虑各种因素的作用，慎重核对结论，力求排除偶然因素作用。与实验法有关的还有模拟法，即创设专门类似物（模型）或情境的办法。科学模拟便于进行精确分析，把所得结论用于现实环境。

（七）行动研究法

行动研究法是为了克服传统的教育研究脱离教育实际、脱离教师实际的弊端，教育实践的参与者与教育理论工作者或组织中的成员共同合作，为了解决实际问题，按照一定的操作程序，综合运用多种研究方法和技术，在真实、自然的教育环境中开展的一种教育科学研究模式。

四、教育科研的精细化管理方法

（一）建立健全校本教研机构，切实加强校本教研工作

一是学校要健全教研组织。学校教务处（教研室）是学校教科研中心，负责全校教科研的组织和管理工作；教研组是教科研的最基层组织，接受校教务处（教研室）的指导，承担教育科研目标任务的具体实施。

二是中心小学以上学校设立学科教研组或相近学科综合教研组，村小以综合教研组为主，乡镇要以中心小学和基地中学为依托，以骨干教师或学科带头人为主要成员，组建好乡镇小学和初中中心教研组，规格较大的中小必须设立教研组。教研组要根据年度或学期教研计划，扎实开展以校本教研为主的教育教学研究活动。教研组集体活动，中心小学以上学校每周不少于1次，村小可每两周1次，镇中心教研组，集体研讨每学期不得少于2次。中心教研组学期末应向乡镇中心学校上报书面总结。

三是规范开展常规教研活动。常规教研活动要做到"四定一有"，即定时间、定地点、定人员、定专题，有记录。要认真组织好课前研讨、听课、授课、说课，课后评课等系列活动，教务处（教研室）要定期或不定期对教研活动开展情况进行督查与指导。

四是积极开展校本联片教研活动。"联片教研"是指相邻的几个镇（校）联合在一起，围绕一个相同的主题，通过观摩、对话、合作、切磋、交流、研讨等教研活动，促进教师专业成长，提高教师教育教学的能力和水平，达到资源共享、优势互补。要建立和完善联片教研活动的导向机制、激励机制、经费保障机制、竞争机制和评价机制，使学校和教师都能有效地投入到联片教研之中。开展联片教研活动，要从名师引领、新秀培养、结对教研、成果交流、课题研究、质量分析等方面入手，以课堂为载体，以问题为主线，以课题研究为抓手，以共同提高质量为终极目标，通过校本联片教研活动，不断提高教师的教育科研意识、团结协作意识、竞争意识、忧患意识和质量意识，为推进基础教育课程改革，全面提高教育教学质量，促进教育均衡发展奠定坚实的基础。

五是大力开展校本研究。学校要以校本研究为载体，积极开展专家引领、同伴互助、个人反思等多种形式的校本教研活动，积极开展有针对性的主题研讨活动，解决教师在教育教学过程中的困惑与问题，使教师真正成为"研究者"。通过校本研究，让教师学会在行动中研究，在研究中反思，在反思中学习，在学习中成长。要通过校本研究，使学校成为学习型组织。

六是学校要积极推进教育信息化"网络学习空间人人通"建设，鼓励教师建立个性化学习空间。教师空间主要包含教案和学案、教学总结与反思、教学论文和获奖成果等，既可以参加网络培训，又可以进行在线研讨和交流，既体现教师的成长足迹，又可促进专业发展，实现资源共享。学生空间主要方便学生进行在线学习与交流，及时将综合素质评价实证材料上传到自己的学习空间与管理空间，促进学生的健康成长。

（二）立足教育教学现实需求，扎实开展教育教学课题研究

一是学校要建立健全德育课题研究机构。开展以养成教育、践行社会主义核心价值观、心理健康教育等内容的德育课题研究，以课题研究为抓手，不断探索新时期德育工作的规律和特点。加强校本德育课程建设，积累经验，形成特色。

二是积极开展高效课堂教学课题研究。全面贯彻"问题就是课题，反思就是研究，成长就是成果"的科研理念，扎实开展课题研究，立足教学实践，选择真实而具体的问题作为课题进行研究。认真探索科学有效的教学模式和教学策略，在实践中反思，在反思中完善，有效解决教学实践中的现实问题，切实提高课堂教学的质量和效率，使课题研究成为构建高效课堂研究活动的重要举措，从而逐步形成"课题从课堂教学中去选，研究到课堂教学中去做，答案到课堂教学中去找，成果到课堂教学中去用"的研究文化。

（三）强化教科研监管

中小学校校长、校委会成员均须兼课，经常深入教学一线，深入课堂，掌握第一手资料，以教学领导教学。中小学校长每学期听课评课不少于20节，教学副校长、中心学校业务副校长、教务处、教科室负责人等每学期听

课评课不少于30节，其他任课教师原则上每学期听课评课不少于10节。听课用统一发放的听课本，制订听课计划，填好相关内容，作好听课记录，及时写出评课意见，并当面进行点评、探讨、研究和指导。提倡听推门课，行政听课要兼顾不同学科。

　　加强校内外听课学习。中小学要根据教学改革的新要求，修订完善公开课、听课和评课制度。学校领导和教师每学期每人至少执教一次公开课，并按常规要求积极参加听评课活动。要加强校际教研，教师外出听课、参加培训学习，返校后要落实"四个一"，即作一个专题汇报，交一份学习心得，上一节汇报课，交一份教案。

第六章　中小学的课堂教学组织与管理

第一节　课堂教学组织的原则

一、课堂教学组织概述
（一）课堂教学组织的内涵

课堂教学组织既包括课前组织，也包括课中组织。课前组织是指使教学能有秩序地顺利进行，教师根据具体的内容、对象、条件等进行全面的考虑，从而形成实现教学目标的教学思路之行为方式。课中组织是指在课堂教学的过程中，教师通过各种各样的言行，创设适宜的课堂情境，激发学生的学习兴趣，调动学生的积极性，以达到课堂教学预定目标的一种行为方式。课堂教学组织为落实教学目标服务，既有静态的组织，也有动态的组织。

对课堂教学组织内涵的认识角度不同，对其内涵与外延的界定就存在一定的差别。课堂教学组织是指在课堂教学过程中，教师按照预设的教学设计，展开教学各个组成环节的行为，包括调整教学内容、调节教学进程、协调师生关系、保证教学顺利进行等。

（二）课堂教学组织与课堂教学、课堂教学管理的关系

1. 课堂教学组织与课堂教学的关系

对于课堂教学的构成因素与基本环节，从理论层面上讲，课堂教学组织是课堂教学的重要组成部分，课堂教学包括课堂教学组织；从实践层面上讲，课堂教学组织是实现课堂教学的重要载体，课堂教学的进行依靠有效的课堂教学组织。

2. 课堂教学组织与课堂教学管理的关系

课堂教学组织与课堂教学管理，两者相互依赖、相互渗透又有所区别。从两者的联系看，两者存在于课堂教学的展开过程之中，存在于课堂教学目标的实现过程之中，在整体上两者发生的时间、地点基本一致，具有共同的目标，即保证教学活动的顺利进行，促进、达成教学目标的实现；有效的课堂教学组织有利于形成、维持良好的课堂教学秩序，从而减轻课堂教学管理的任务，有效的课堂教学管理帮助课堂教学组织顺利进行，因此，两者相互依赖。很多时候它们又相互渗透，难分彼此，组织的过程渗透着管理的因素，管理的过程包含组织的因素，在实际教学中，两者往往交织在一起。

从两者的区别看课堂教学组织与课堂教学管理是两个不同的范畴，具有不同的外延和侧重点。课堂教学组织侧重于课堂教学基本环节的展开，课堂教学管理侧重于为课堂教学组织的顺利展开提供良好的课堂秩序和教学环境。

二、课堂教学组织的原则
（一）目标导向原则

1. 基本含义

目标导向原则是指教师在展开、推进、调节课堂教学各个基本环节时，始终以实现课堂教学目标为根本目的和指导原则，使课堂教学活动沿着既定的正确方向进行，而不至于偏离课堂教学最重要的目的——教学目标的实现，包括学生的知识与能力，过程与方法，情感、态度、价值观等方面发生的变化。

2. 基本要求

其一，教师在教学过程中要始终以最终实现教学目标为根本指向。

这就要求教师不仅在课前的教学设计中明晰教学目标，而且要明晰教学过程中的教学行为与教学目标的内在关联性，以及教学行为是如何实现教学目标的。

其二，教师要控制、调整围绕教学而展开的各种活动（包括探究性学习活动、合作学习活动等）的目标指向性。

如何既能让学生探究得充分，又使学生的学习始终围绕着教学内容和目标进行，保证课堂教学秩序，可以从以下途径出发：

第一，材料选择与出现时机恰当。

例如：

一位教师在教授"声音是怎样产生的"一课中，为了让学生研究声音的产生问题，该教师准备很多材料，尺、锯条、鼓、锣、橡皮筋等，在课一开始，教师就抛出问题：声音是怎样产生的？让我们来探究探究，一时间锣鼓喧天……

这个例子中，教师为了让学生能够对各种不同的声音获得丰富的感性认识，准备了许多的材料，但是该教师未能准确抓住材料应用的时机，导致学生的注意力由关注声音是如何产生的转移到对各种物件本身的兴趣，教学秩序失控。

第二，教师的指导要恰当、到位，而且要控制好教学活动的延伸范围，否则只能导致课堂教学活动的泛化和无目的性。当然这也并不是对教师只涉及事先计划、设想好教学内容和程序的做法的肯定，而要讲求其对于各种探究性学习活动、合作性学习活动等的控制与把握的程度，通俗地讲，即"能放得出去，也能收得回来"。

（二）兴趣激发原则

1. 基本含义

兴趣激发原则是指教师根据教学内容采用多种灵活、适当的方式，激发学生的学习动机和学习兴趣，使其成为学习活动中的积极因素，从而调动学生学习的积极性、自主性。

2. 基本要求

其一，教师在教学过程中应根据学生不同的成就取向，采取不同的教学方式培养和激发学生的成就动机，激发学生的学习兴趣。成就动机理论认为，人们在从事某项任务时有力求成功的内部动因，即一个人对自己认为重要的、有价值的事情愿意去做，并努力达到完美。有心理学家认为，成就动机有两种趋向：一是追求成功的动机，二是害怕或避免失败的动机。成功动机高的人更爱选择中等难度的任务；害怕或避免失败的人，要么选择他们确信能成功的任务，要么选择他们认为肯定要失败的任务，因为即使失败也可为自己找到合适的借口。因此，教师在教学中，应给不同成就取向的学生安排不同的学习任务，采取不同的教学方式培养和激发学生的成就动机。

其二，教师应根据教学内容的特点，采取恰当的、多样的方式导入新课，充分调动学生的积极性。熟悉开讲的基本要求，讲究开讲的方法和艺术性，从而更好地引起学生的注意和思考，为进一步展开教学做好铺垫。课堂教学的开讲导入方法很多，例如，设疑开讲导入，在学生心理上引起悬念，使学生处于暂时困惑状态，进而激发解疑的兴趣；观察开讲导入，教授新知识之前，教师先让学生观察有关事物，可以很好地培养学生的观察能力、增强学生的问题意识、调动学生的思维。

其三，教师应对学生良好的行为表现给予及时、适当的激励与支持。行为主义学习理论强调外部环境对学习的决定作用，认为学习过程是有机体在一定条件下形成刺激与反应的联系从而获得新经验的过程；对行为的强化应遵循以下几条原则：第一，教新任务时，进行及时强化，不要延缓强化；第二，在学习的早期阶段，强化每一个正确的反应，随着学习的发生，对正确的反应优先强化；第三，强化要保证做到朝正确的方向促进或引导。

（三）启发引导原则

1. 基本含义

启发引导原则是指教师在课堂教学过程中充分尊重学生的学习主体地位，发挥教师的引领、辅导作用，使学生成为学习经验获得的真正主人，而不是教师强制灌输的被动的知识容器。

2. 基本要求

（1）教师在课堂教学中应充分发挥主导作用

具体地说，就是教师在教学过程中处于领导者、组织者和教育者的地位，把握教学方向和教学目标，控制教学进程和指导学生学习。建构主义提倡教师指导下的以学习者为中心的学习，既要强调学习者的主体作用，又不能忽视教师的主导作用，教师要成为学生意义建构的帮助者和促进者，促使学生在复杂的真实问题情境中主动建构自己的知识结构，获得认知经验的增长，促进认知结构的改变。

（2）教师应积极采用启发性方法，使学生主动建构起自身的知识结构

我国古代第一部教育专著——《学记》对教育、教学的原则和方法进行了比较详细的阐述，"君子之教，喻也"，是说教学要注重启发诱导，注意"道（导）而弗牵"，教师引导，但又不牵着学生鼻子走；"强而弗抑"，督促勉励，又不勉强、压抑；"开而弗达"，打开思路，但不提供现成答案。

常用的引导方法包括：第一，适时设问以引起学生的主动性，参与教学活动的思考，要在学生"心求通向未得，几欲言而不能"的状态下提出适当的问题，坚持"不愤不启，不悱不发"的引导性原则；第二，逐步增加提问深度以加深学生对所学内容的理解，促进学生分析问题、解决问题能力的发展。

（3）教师应充分尊重学生学习的主体地位，构建和谐、平等的师生关系

学生只有在这种师生关系中，才能真正成为学习的主体；通过教师与学生之间、学生与学生之间的共同探索，相互交流与质疑，才能使教学产生丰富的意义。

（四）循序渐进原则

1. 基本含义

循序渐进原则是指教师在教学内容的组织、教学进程的安排方面，按照学科的内在逻辑结构和学生身心发展顺序以及学习的规律，持续、连贯、有条理地进行教学组织，使学生形成严密的逻辑思维能力，扎实掌握基础知识和基本技能。

2. 基本要求

其一，按照教学内容的逻辑结构与学生的认知发展规律相结合的要求进行教学。任何一门学科的知识，都具有严密的逻辑结构、完整的知识体系，本身有"章"可循，学生的认知发展也遵循一定的心理学规律。

其二，把握好教学活动的节奏，调节好教学活动的速度，突出教学重点，突破教学难点，注意教学内容的详略。因此，课堂教学需要调节好教学的节奏，做到快慢适度、详略得当、收放自如、强弱搭配、动静相宜，从而调动和维持学生的注意力、学习动机、学习持续关注力，保证课堂教学效果。

其三，由浅入深，由易到难，由简到繁。

（五）理论联系实际原则

1. 基本含义

理论联系实际原则是指课堂教学必须坚持理论与实际相结合，用理论知识分析实际问题，用实际问题论证理论知识，使学生在理论与实际的结合中理解和掌握知识，培养学生运用知识解决实际问题的能力。

2. 基本要求

（1）加强基础知识和基本理论的教学

课堂教学中基础知识、基本理论的教学应占重要地位。新一轮基础教育课程改革使课堂教学的基本理念和指导思想发生了重大变化，强调教学过程中学生的主体性，注重教学目标的多元化，强调学习方式的探究性、合作性和自主性，然而，这并不是否定基础知识的重要性，更不是对基础知识的抛弃，基础知识、基本理论仍然是教学内容中最重要的基础部分。

（2）加强联系对于学生的经验具有实际意义

这就要求教师在课堂教学内容的选择上，根据学科内容、课堂教学任务及学生的认知发展规律和已有发展水平，选择对于学生的经验直接有意义的材料。苏联教育学家维果斯基的"最近发展区"理论认为，儿童现有的发展水平和可能达到的发展水平之间的差距是一定的、有限的，因此，对课堂教学内容进行理论联系实际时，范围需限定在学生可能达到的发展水平之内。

（3）加强学生基本技能的培养，增强解决实际问题以及动手操作的能力

传统课堂教学无论是在内容方面，还是在教学方法的运用以及课堂教学的组织方面，都存在远离学生生活、脱离学生生活经验的问题，因此，教师在教授基本概念、基础知识的同时还应重视通过与学生已有经验有关联的实际问题的练习、解决，对学生进行基本技能的训练，使其具有一定的操作能力。

（六）灵活施教原则

1. 基本含义

灵活施教原则是指教师在教学中从实际出发，具体问题具体分析，根据教学对象、教学情境、教学条件的不同，机智灵活地进行教学，不断生成鲜活的、形态各异的课堂教学，要求教师不仅把握学生的特点，还要善于处理突发事件，善于将其转化为有价值的教学事件，促进教学目标的达成。

2. 基本要求

（1）全面了解学生，因材施教

学生的个别差异是客观存在的，不仅表现在水平上的纵向差距，还表现在特征上的横向差别。教师应适应学生的个别差异并恰当地利用学生的差别，分配教学任务，组织教学事件，比如在分组讨论中，注意把不同类别的学生分在一起，让学生在相互合作中共同提高。

（2）善于把握时机，适时而教

课堂教学是在一定的时空以及教学情境中进行的，实践在时间中展开，具有"不可逆性"；实践的时间结构，亦即节奏、速度，尤其是方向，构成了它的意义。教学实践中，学生能够非常明显地感受到时间的这种结构，以及时间从过去经由现在进入未来的不可逆性。正是这种无法逃脱的时间结构及时间流逝的单向性，使得学生在实践过程中产生"紧张感"乃至"紧迫感"。在这种感觉的支配下，学生身处实践过程中没有多少时间来驻足静

观、反躬自省，因此，教师必须尽可能快地对各种情况做出恰当处置。

教师的课堂教学是教育实践的重要组成部分，一方面，教师要根据教学规律组织课堂教学；另一方面，课堂教学实践是一种既不是一种完全观念性的、依据理论的存在，也不是一种纯粹实体的、毫无规律可言的实践性存在，而是一种介于两者之间的兼具主观性和客观性的存在，所以，教师要灵活施教，妥当处理课堂教学的各个环节的衔接以及各个教学环节过程中的各种突发问题，这对教师的教育实践智慧提出了较高的要求。

第二节 课堂教学管理的原则

事实上，课堂教学管理与课堂教学组织是密不可分的，两者的共同目标是保障课堂教学的顺利展开，最终实现教师预定的课堂教学目标，即学生在知识与能力、过程与方法、情感态度价值观等方面发生的变化。课堂教学组织是实现课堂教学目标的本体过程，课堂教学管理则是实现课堂教学目标的基本保障，两者是同一教学过程的不同侧面，两者相互联系、相互依赖。因此，有效进行课堂教学管理也是保障课堂教学顺利进行的重要方面，近年来，随着新一轮基础教育课程改革的进行，教育理念的转变使得课堂教学管理被赋予了新的内涵和形态。

一、课堂教学管理概述
（一）课堂教学管理的内涵及主要管理范畴

1. 课堂教学管理

（1）课堂管理的内涵

《国际教育百科全书》对课堂管理的定义为"课堂管理是为学生参与课堂活动创造有利环境的过程。"

课堂管理是指在课堂教学过程中所进行的管理，即在课堂教学中教师与学生遵循一定的规则，有效地处理课堂上影响教学的诸因素及其之间的关系，使课堂教学顺利进行，提高教学效益，促进学生发展，实现教学目标的过程。

总体而言，课堂管理的范围涵盖了教学过程中的所有基本要素，涉及课堂教学的方方面面，贯穿于教学的整个过程，主要包括人（教师和学生）的因素、物（教学设备、教室等物资设备）的因素、人的因素内部之间的交互作用（师生关系）以及人的因素与物的因素之间的交互作用（师生与课堂环境的关系）等。具体而言，课堂管理主要包括：课堂教学的管理、课堂纪律的管理（包括课堂问题行为的管理）、课堂教学情境的管理、课堂师生关系的管理、课堂偶发事件的管理等。

（2）课堂教学与课堂管理

课堂教学与课堂管理是教师课堂行为的两个重要方面，两者相互依赖、相互制约，在某种程度上可以说两者所管辖的范围是融合的，两者之间并没有清晰确定的界限。课堂教学是课堂的核心组成部分，是实现课堂教学目标的主要途径，课堂管理始终围绕着课堂教学进行，是课堂教学得以顺利实施的手段和保障，其主要作用是维护课堂教学的顺利进行，最终实现课堂教学目标。因此，从这个角度看，课堂教学管理是课堂管理的有机组成部分。

（3）课堂教学管理的内涵

课堂教学管理以课堂教学的全过程为对象，遵循课堂教学活动的规律，运用现代科学管理的理论、原则和方法，对课堂教学活动进行实施、监控、维持、促进和提高，最大限度地调动教师和学生的积极性，使课堂总是持续着有意义的教与学的活动，以保证课堂教学目标的有效实现。

2. 课堂教学管理的主要管理范畴

从广义层面看，课堂教学管理的主要范畴包括课前管理（准备）、课堂中管理（过程）和课后管理（完善）三个环节；从狭义层面讲，主要指对课堂教学过程中的管理，包括以下几个方面。

（1）课堂教学进程的管理

课堂教学进程的管理有以下几个环节：第一，课堂教学节奏的处理，即对课堂教学过程中教学速度、强度、密度等在时间上以一定的次序有规律地交替出现的形式的把握。第二，课堂教学环节的管理，即对课堂教学过程中几个外在的活动阶段，主要包括导入、展开、结束三个部分的管理。在导入部分，教师需要把握住课堂导入技术的重要内容以引起学生注意，激发学生的学习兴趣和学习动机，建立起学生已有知识与将要学习的新知识之间的联系等；展开部分是课堂教学的主体段落，是实现课堂教学目标的根本载体，在这一环节中，教师需要把握住的几项重要内容有：维持、提高学生的学习积极性，控制教学的节奏，处理课堂教学过程中的偶发事件和问题行为等；结束部分是课堂教学的最后环节，主要目的是完成课堂教学的有序收尾。

（2）课堂教学秩序的调控

课堂教学秩序关乎学生参与课堂教学活动的程度，关乎学生注意兴奋点所在，关乎学生学习积极性和主动性的调动。基础教育课程改革以来，要求课堂教学重心由教师转向学生，强调学生的主体性、教师的主导性，强调课堂教学中的合作学习、探究学习、自主学习，因此，课堂教学秩序的把握显得尤为重要。

课堂教学秩序包括三个方面：一是学生课堂注意的调控，指学生在课堂上对一定对象的选择与集中。学生的课堂注意状态直接影响着课堂活动效率和课堂纪律状况；二是课堂偶发事件的处理，在课堂教学中能否妥善处理各种偶发事件，一定程度上取决于教师自身的教育机制素养，也取决于教师是否掌握了一定的应急办法与技能；三是课堂问题行为的管理，这是影响课堂教学秩序的重要因素，是占据教师相当精力的管理范畴。

（二）课堂教学管理的现状

我国传统的课堂教学管理建立在教师绝对权威的基础上。教师在课堂中处于至高无上地位，严格控制着课堂秩序，是课堂教学管理的绝对权威者。传统的课堂教学管理呈现给我们的是这样一幅图景：所有的学生腰板挺直，双手背后或双手叠放在桌子上，双脚并齐；老师讲课的时候，学生两眼睁圆了注视着教师，聚精会神，鸦雀无声；老师提问时，学生"唰"的一声都举起右手，并且都习惯将小手臂弯成直角，等待着老师指名回答；被点名的学生站起来，毕恭毕敬地回答。这就是传统的课堂秩序维护下的课堂生活。传统课堂教学管理以规定性和控制性为主要特征，强调行为控制和程式化的问题解决，关注课堂秩序的规定性，审视教师权威与学生服从。

当代教育理念要求教师和学生在课堂教学中做到：①从教师授课为主向以学生学习为主转变；②教师转变角色，从权威者到合作者；③教师改变教学方式方法，从"满堂灌"到引导式；④转变学生的学习方式，从接受学习到合作学习。随着课改的逐步深入，教师应有意识地以新课程教育理念为指导更加注重与学生积极互动、共同发展；有意识地逐步培养学生的独立性和自主性，引导学生质疑、调查、探究；在实践中学习，应尊重学生的人格，关注个体差异，满足不同学生的学习需求，积极创设引导学生主动参与的教育情境，激发学生的学习积极性。

新课程实施以来，课堂发生了明显的变化，课堂上不再是老师唱主角，"新"的课堂中，学生"动"起来了，学生"活"起来了，这势必增加了管理的难度，令一些教师把握不准管理的尺度。另外，还有些教师不经常采用鼓励的方式促进学生的学习，无法保证自己的教学能够吸引并维持学生的学习兴趣和注意力，对学习成绩较差或学习主动性较差的学生缺乏应有的关注，对课堂学习小组的自我管理能力重视不足。

二、课堂教学管理的基本原则

（一）课堂教学管理的根本原则

1. 教师主导与学生主体原则

教师主导与学生主体原则，是指在课堂教学过程中，教师既要充分发挥主导作用，也要善于调动学生学习的自觉性、主动性和积极性，使教学过程成为师生双方密切配合、协调共进的过程。具体而言，教师的主导，是指教师在教学管理中处于指导者和教育者的地位，控制教学进程和教学秩序；学生主体，是指在课堂教学中尊重学生的主体地位和人格，从而不断提高学生学习的积极性和主动性。该原则要求教师在教学过程及管理过程中，既发挥教师的积极指导作用，又使学生成为真正的有意义的学习活动的主体。

2. 适度原则

适度原则，是指教师要准确把握教学秩序的宽严之度，积极为学生营造一种宽松而不失严谨、温和而不失严肃、活跃而不失秩序、严肃而不失灵动、紧张而不失轻松的学习氛围。

（二）维持、促进课堂教学秩序和调控课堂教学进程的基本原则

1. 教育性与发展性原则

教育性与发展性原则是指制定和维持课堂规则时尊重学生，从学生的身心特点出发，以学生发展为目的，体现"一切以学生的发展为本"的思想。教育是一项育人的事业，教育对象的特殊性决定了教育与其他行业的本质区别，在教育过程中不仅要研究教学的规律，而且要研究人的身心发展规律；不仅要考虑当前的教育影响结果，而且要考虑对教育对象成长的长远影响；不仅要考虑教师管理行为对学生的控制效果，而且要考虑对学生形成对规则的态度和内在情感的效用。

2. 民主与共同参与原则

民主与共同参与原则是指教师在制定和维护课堂规则、维持教学秩序时，教师需尊重学生的人格与意见，与学生以共同商讨的方式制定出灵活严谨的课堂规则，从而形成学生对课堂规则的认同感。尤其是在小学低年级阶段，要尽量使学生自愿、自然地接受课堂规则，从而养成遵守课堂规则的态度和习惯，这就要求：

第一，教师首先要认同、形成民主的教育理念。长期以来，我国中小学教师在课堂中处于绝对中心和权威地位，教师和学生的关系是管理与被管理、控制与被控制的关系。对于教学秩序，教师往往采用简单粗暴的管理方式，"压制"课堂教学中的问题行为，而忽略了引导学生形成对课堂规则的内

在认同感。因此，教师应首先改变自身的学生观、教学观以及课堂管理观。

第二，教师要以平等、民主为基本原则，以共同参与和商讨为基本方式，尊重学生的意见，引导学生共同制定集体的课堂教学规则。

第三，在运用课堂教学规则、维持课堂教学秩序时，尽量减少甚至避免使用消极、否定、直接命令式的控制性言行，注意引导学生成为维护良好教学秩序的主人，而不是被强迫的接受者。

在哲学话语体系中，"自由"与"责任"是一个连续体的两端，选择的自由意味着选择的责任，参与的自由意味着参与的责任，因此，教师在制定和执行课堂教学规则时，应遵循民主与共同参与的原则，从而使学生认同履行规则的义务，以减少学生与教师对立或故意反抗现象。

3. 激励与自律原则

激励与自律原则是指在课堂教学管理中教师多采用鼓励的方式，而不是过分的指责和批评，激发学生养成良好的行为习惯，促进学生的自我管理和自我约束，培养学生在课堂中的自律意识。

马斯洛[①]在《成长心理学》一书中指出，人有两股潜在力量：防卫的力量和进取的力量。防卫力量的内在作用是，恐惧失去安全而使个体在心理上有退缩倾向，导致个体依恋过去，恐惧成长，担心无人支持，不求独立自主，遇事逃避现实，不敢接受挑战。进取力量的内在作用是，促动个体本人趋向完美而统合的境界成长，因而使个体乐于面对世界，充满信心与朝气，而且心理上无内在冲突，能心安理得地接受内心深处的自我。以教师控制为特征的教学管理，往往会更多地引发学生内心的防卫力量，而以信任、激励为特征的教学管理，常常易于激发学生内在进取的力量，促使学生个体产生希望进步的内在需求。

行为主义心理学认为，个体的行为被行为后果所决定，行为带来愉快的结果，这个行为以后就会再出现；反之如果带来痛苦的结果，这个行为就会

---

① 亚伯拉罕·马斯洛是美国著名社会心理学家，第三代心理学的开创者，提出了融合精神分析心理学和行为主义心理学的人本主义心理学，于其中融合了其美学思想。

消失，任何一种行为的出现都遵循"刺激——反应"的原则。这要求教师注意：第一，适时给学生的良好行为表现以积极刺激。学生在课堂上有良好的表现，如积极听讲、积极发言等，教师应该立刻予以肯定和表扬，使这类行为得以强化。第二，树立榜样的作用。

4. 差异性与科学性原则

差异性与科学性原则是指在进行课堂教学管理时，要根据不同的教育对象、课程类型以及课堂基本环境、课堂管理方式等，体现差异性和科学性。课堂基本环境包括：学生数量、年龄、教室的大小和资源的可利用性等，这些都对课堂教学管理产生影响。

例如，在小学低年级，由于学生年龄小、自主能力较差，课堂上难免出现开小差、做小动作、说闲话等现象，所以教师在教学的同时，要积极地组织课堂，采用多种灵活方式维持教学秩序、调控课堂，培养学生良好的课堂行为习惯。

常用的课堂管理方法主要有：①提问法。指课堂上发现有些学生注意力不集中时，教师运用一些简单问题或是与教学内容相关的问题进行提问，引起学生注意。②暗示法。指学生走神或者教室内出现小的骚动时，教师停止讲课，用目光注视这些学生，或者边讲课边走进学生中间，采用某些动作提醒不注意听讲的同学的方式来引起学生的注意，引导学生回归到课堂教学活动中来。③无声法。指在大多数学生注意力分散时，教师采用严肃表情的方式来警告学生，以达到控制课堂的目的。④活动法。指教师在课堂教学的过程中适当地组织学生进行某些活动，如讨论、做小游戏等。

第三节 信息技术在课堂中的应用

以计算机为核心的信息技术主要是指多媒体计算机、教室网络、校园网和因特网（Internet）等。随着信息技术的高速发展，网络规模在中国不断扩大，信息技术对现代人生活、工作的深刻改变，多媒体教学手段引入中学课堂教学已从理论走向实践，走向发展，对信息技术、多媒体手段的运用不仅成为教育主管部门的要求，成为对学校、老师的评价标准，到今天也成为许多有条件学校的教学常态。

在这种形势下，许多教育工作者改变了观念，积极投入到对信息技术的学习、掌握、运用中来。广大教师也掀起了自制教学课件的热潮，在网络中能查询到的有关教学的各种影音素材、备课资料、教学课件已数不胜数。这些都深刻地改变了教师的教学思想、教学模式、教学行为和教学常规。

运用计算机多媒体技术，优化中小学课堂教学，使教育心理学基本原理在教学实践中得到具体应用。教育心理学知识告诉我们：人们获取知识，单靠听觉只能记忆约1/6，单靠视觉只能记忆约1/4，而同时使用视听两种感觉，则能记忆约2/3。用信息技术辅助教学，能创设逼真的教学环境，动静结合的教学图像，生动活泼的教学气氛，运用图、文、声、像并茂的特点，能把教学时说不清道不明，只靠挂图或黑板作图又难讲解清楚的知识，通过形象生动的画面、声像同步的情境、言简意赅的解说、悦耳动听的音乐、及时有效的反馈，一目了然地展现在学生面前。

一、实践中验证多媒体教学的优势

课堂多媒体教学改变了传统教学"粉笔+黑板"的方式，在多媒体教室配置一定的多媒体教学设备（视频展示台、计算机、数字投影仪、VCD或DVD功率放大器、音箱、话筒、无线接收器、大屏幕等），教学中采用多媒体方式，集文本、图形、图像、声音、动画、视频于一体，实现图文并茂、声画并举，甚至模拟虚拟现实创设课堂教学情景。课堂多媒体教学的最大优势在于能够将传统教学中单一的文字或简单挂图呈现教学信息的形式转变为多媒体形式，从而克服了传统教学中文字呈现信息过于抽象的问题，其以生动具体、形象逼真的虚拟情景，把抽象的信息内容转变为具体的形式再现给学生，使学生更容易理解，实现轻松愉快的学习。对于多媒体教学的优势相关文章论述很多，对于不同学科，其多媒体教学优势发挥的程度也不一样。大致归纳为如下几点：

①直观形象，克服抽象。（符合人类认知规律：由感性认识到理性认识）；

②图文声情并茂，多感官刺激调动学生学习兴趣。（多元认知，多感官接收）；

③动态模拟过程，有效呈现重点、难点。（动态呈现）；

④及时交互，及时反馈，易于学生参与，师生互动。（便于交互）；

⑤虚拟现实，突破视觉局限，再现事物本原。（虚拟再现）；

⑥无限重复，加强记忆，克服遗忘。（符合人类重复记忆原理）；

⑦针对性强，照顾不同层次学生的学习；

⑧海量信息，节约空间和时间，提高教学效率。

二、信息技术在课堂教学中应用的原则

实践证明了信息技术教学的优势，但也反映了我们的教师在应用信息技术进行教学时存在的多个误区。通过总结，我们意识到信息技术在课堂教学中应遵循如下原则。

（一）辅助性原则

信息技术只能起到辅助教学的作用，不管计算机发展到什么水平，它始终不能取代教师的作用，只能辅助教师的教，学生的学。用机器取代教师，对学生实施目中无人的教学，这种设计思想，既违背了教学规律，也违背了国情。利用信息技术教学，不能过分夸大它的作用，更不能让它替代教师的应有的创造性工作，我们不能抛弃传统教学法中的合理有效的东西。教师在课堂教学中的主导地位是信息技术无法取代的。

以制作多媒体课件为例，有的教师设计制作课件，其目的就是在课堂上播放这些课件，觉得课件设计的长度越长越好。其实，课件的设计是不能代替教师上课的，课件只能起到辅导教学的功能，而不能代替教师的主导作

用。教师根据课堂上学生的反映所做的点拨、引导、方法指导、分析讲解等都是课件无法比拟的。

例如新型冠状病毒肺炎特殊时期，中小学就充分运用网络进行教学，使学生停课不停学，教师的教学录像在网络中播放，并运用校园网平台实时答疑解惑，收发作业，组织活动，有的班还在网上开班会，信息技术在教学中的作用得到了充分的发挥。

（二）适宜原则

适宜就是合适和相宜。所谓合适，就是信息技术在课堂教学中的应用要找到落脚点；所谓相宜，就是信息技术在课堂教学中的应用要找到切入点。

有的教师完全依赖于多媒体手段的应用，一整堂课都在摆弄设备，看起来很热闹，却忽视了学生的练习和参与；有的教师又不以为然，一整堂课都不用，手捧传统不放。这都是片面的、不正确的态度。那么我们什么时候该用，什么时候不用呢？这要根据教学的实际、教师的实际、学生的实际来加以考虑。例如需要提高同学的兴趣，提高学生学习的积极性时我们可以考虑使用，尤其是对低年龄阶段的学生，运用多媒体手段，给学生更形象、更直观的感官刺激，有助于帮助学生理解和提高兴趣，而对于高年级的学生，再以直观形象代替形象思维就不适宜；在想办法弥补教师自身素质缺陷时也可以考虑使用；教师的朗诵，因普通话不过关，比不上专业人员时，我们可以用录音；教师的板书因书法不够美观，我们可以用幻灯片；当形象思维发生偏差时，我们可以用影像来纠正；当教师和学生因空间和时间的限制，不能用常规教学手段解决教学问题时，我们可以利用信息技术手段；当学生因生活阅历的限制，无法想象课文中所述的实景、实物时，我们也可以用多媒体手段来加以弥补。

1. 三维课程目标是信息技术应用的落脚点

三维课程目标包括知识和技能、过程和方法、情感态度和价值观。教师在进行教学设计时，首先要把握学科性质和思想，用它来统领整个教学过程，然后通过具体的方法来落实学科的知识技能目标；而教师在教学过程中，始终要明白"知识技能"教学的重要性，把它放在首要位置，对其教学目标也要了然于胸，并尽量明确地告知学生。将"过程与方法"潜移默化地融入教学过程中是教学的科学性与艺术性高度结合的体现。相同的知识技能采取不同的"过程与方法"时，学生形成的能力是不同的，形成的情感态度与价值观也是不同的。因此，教师应依据教学目标选择适宜的应用类型，有效地发挥各类信息技术的教学功能。

2. "双基"教学是信息技术应用的切入点

从广义知识的角度把知识分为两类：陈述性知识（符号、事实性知识和语义知识）和程序性知识（智力技能和认知策略）。信息技术应用的设计，应根据不同知识教学对信息资源所提出的要求，按照学习者认知活动的心理规律，设计信息技术应用的具体内容和方法。

（1）符号、事实性知识教学中信息技术的应用

在课堂教学中，信息技术可为学生提供促进"多重信息刺激编码"的教学环境，或创设真实情境的教学环境。如新课程注重对学生英语语感的培养，要获得"语感"能力，学生需要具有理解情境意义的生活经验图式，需要在语感水平上掌握基本的词汇和表达法。但对大多数学生来说，同化新知识的语言图式是不完备的，这就需要通过信息技术来提供可控的语言情感的教学环境，给学生提供参与反应的机会和进行反应的充分时间，可以有效地帮助学生培养语感。"情境交际教学法"以其独特的优势受到广大教师的欢迎。

（2）语义知识教学的信息技术应用

信息技术可以为学生提供情境性材料、呈现先行组织者等，有效促进选择性编码、选择性组合和选择性比较等精加工能力的发展。如语文学习就是要"据言会意""因言悟道""依言入情"。在阅读理解的认识活动中，学生需要选择文章中的某些关键信息进行联想，提取相应的知识经验和情感经验，对这些文字符号赋予意义并产生情感上的共鸣。丰富的生活经验、知识背景和性格情趣是阅读理解的必要条件。倘若文章所涉及的事物是学生未曾

感知过的，可以运用信息技术来提供"先行组织者"，帮助学生找到学习新知识的同化点；倘若学生虽有所感知却未仔细思考，可以运用信息技术呈现情境材料，促使学生深层次思考。

（3）范型识别技能教学的信息技术应用

从语义知识转化为应用技能的条件是，知识正例中的无关特征要有变化，这些变式性的正例同时呈现有助于概括；在正例之后紧接着呈现反例有助于分化。运用信息技术提供的多种变式，突出反例的非本质特性，呈现专家解题时的思维操作过程，以"如果/然后"的外显方式传授给学生，帮助学生完成范型识别技能的形成，可以提高练习的效果和效率。课堂教学的难点不在于"程序操作"的自动化水平，而在于"模式识别"。

（4）策略性知识教学的信息技术应用

信息技术能提供大量生动直观的认识活动情境，可控制地突出策略知识中的关键特征，为学生从这些活动中概括出策略知识创造了有利的条件。

（三）适度原则

适度是程度适当，适可而止的意思。所谓程度适当，就是运用信息技术解决与学生的年龄特征相适宜的问题；所谓适可而止，是指运用信息技术的频率要与教学时间相吻合。

1. 回归"文本"教学

信息技术与学科课程整合的质量，取决于教师对信息技术功能的把握和对学科课程的深刻理解。对学科课程的理解又涉及对学科性质的定位、思想方法的把握和对学习者年龄特征的理解。在基础教育的课堂教学中，"双基"教学永远是教学的核心。因此，课堂教学应把概念、原理讲明、讲透、讲活。新课切忌任意拓宽，特别是在学生尚未理解掌握知识时，随意加大知识的广度、难度是得不偿失的，会骤然引起学生对新知识的反感情绪和恐慌心理。

2. 生成教学

课堂教学不是对信息进行简单的传递和接受过程，而是教师和学生的心灵进行沟通的过程。教学的科学性在于预设性，即按照教学规律进行教学设计；教学的艺术性在于生成性，即师生、生生之间由思维的交流碰撞而产生的不可预料的结果。教学的艺术性是以科学性为基础，在教学预设的基础上产生的新的产物。它是教师教育机制的表现，是教学富有生命力的体现。虽然技术型媒体开拓了虚拟沟通的环境，但学生从教师的举手投足、音容笑貌中获得的人生启迪是任何技术无法比拟的。

3. "思维导图"的呈现

在课堂教学中，许多教师把课本文字、教参题解、备课的流程图以文字稿的方式直接搬到屏幕上，没有发挥信息技术独特的功能优势。"思维导图"是引导人们思维的图式，是把人脑中的隐性知识以显性化、可视化的方式表达出来，便于思考和交流。"思维导图"通常用节点代表概念，连线表示概念间关系的图示方式，对学生学习的影响表现在如下方面：显化思维过程、强化理解、整合新知识、识别错误。

（四）实效原则

实效是指实际的效果。信息技术的应用重在构建有利的教学环境和认知工具，促进学生"自主、合作、探究"能力的发展。

1. 信息技术促进自主能力的发展

自主能力是指学习活动的自我意识、自我定向和自我监控的能力，它对学习产生方向性、控制性的影响，是形成各种能力的基础。电子学习档案可以有效地促进学生自控和反思能力的发展。

电子学习档案就是利用计算机媒体为学生建立成长记录档案。成长记录档案袋是指用来显示有关学生成就或持续进步信息的一连串表现、作品、评价结果以及其他相关记录和资料的汇集。建立电子档案，为学生学会如何评估自己的学习情况提供了一个可操作的具体方法，并通过对成长记录档案袋的制作过程，使学生领悟到"学习成绩""学习过程"和"态度情感"的重要性，从而有效地发挥自主调控能力。

2. 信息技术促进探究能力的发展

在课堂教学中，不能完全将学生置身于一个没有援助的、完全陌生的环境中去让学生发现或创新。利用信息技术可以创造一个适合学生实际能力的、可调控的、问题设置适宜的教学环境，促进学生探究能力的发展。

（1）模拟软件支持的探究性学习

模拟软件可以创设真实的问题情境，并能按照学科特点自动给出反馈信息。如在初中数学几何教学中，由于目测存在误差，而有限测量又难以排除无限测量出现反例的可能性，学生对几何性质的理解不深。利用几何画板创设问题情境，引起学生的猜想与假设，学生按照猜想与假设主动地对几何画板进行操作尝试，使图形在脑中不断地进行移动、翻转，依据反馈信息对这种操作进行自反抽象概括，建构新知识，从而有效地把握几何图形的实质。

（2）"工具性"信息技术支持的探索性学习

工具性信息技术是指文字处理软件、优秀电子表格软件、Foxbase数据库软件、PowerPoint多媒体编辑软件等，以及作为通信工具的局域网和因特网。这些软硬件信息工具，使学生的探索活动摆脱了时空的限制，使他们的思维活动从简单机械的劳动中摆脱出来，从而对信息表征与发布的形式采取多种表达方式。如初中生物课中"分析食物的营养成分"，教师先教会学生各种成分的测定方法，给学生提供测试设备，然后让学生从家里带来各种他们愿意测试的食品，按照所学的方法来测出食品里的各种营养成分，并利用优秀电子表格软件记录测试结果。测试数据的大量积累、用心观察和有效使用，将研究性学习渗透到提出假设、实验设计、实验操作、数据统计分析、得出结论以及陈述表达等各个环节中。

（3）"信息资源"支持的探索性学习

校园网提供了丰富的学科课程资源。在校园网上，各年级、各学科都有自己的网页，教师的电子教案就放在相应的网页上。学生上课不必忙于抄写板书，而是将精力更多地集中在思维活动上。网络课程还可以提供辅导学生作业的服务，对一些难度较大的问题不仅给出解题过程，还给出解题的思路和解题方法。专题学习资源也可以用于课堂教学，通过专题学习资源的应用，使学生学会利用信息资源进行专题归纳探究的学习；学会面对网络进行自主发现、问题探究性学习；学会利用网络通信进行协商合作、讨论式的学习；学会利用信息工具进行重构知识、创新实践和问题解决的学习。

3. 信息技术对合作能力培养的作用

信息技术对合作能力培养的有效作用是开展基于电子作品的教学活动。电子作品是指学生在学科学习、合作学习以及社团活动中，将自己的创新思维与问题解决的结果运用多媒体计算机和网络资源表达出来的数字化作业。如用Word做的语文小报、用Excel做的统计报表、用窗口画板做的画图、用Power-Point做的演示文稿、用Flash制作的动画、用VB设计的小游戏、用Frontpage制作的主页等。

基于电子作品的教学模式是一种学生合作的教学模式，它的提出是基于多元智力理论、合作学习理论和建构主义理论。因此应鼓励学生以多种方式建构和交流知识，以协作工作、参与多样学习和反思性思考为主。电子作品创作有助于激励学生协作学习，学会合作的技巧，明白团队工作的价值。电子作品创作促使学生在真实的问题情境中学习和应用知识，使组织能力、交流能力、设计能力、反思能力和研究能力得到提高，有助于学生适应未来社会工作的需求。

（五）互容性原则

例如，很多课件的设计采用单线流程的模式，只能按照固定的模式一步一步往下演示，完全忽视了课堂教学中随时可能碰到的不确定性因素；有的课件只适用于编制者自己。一个好的课件，应该是模块化组合，使用方便灵活，每一位教师都能根据自己的需要对它进行简单的修改、增删或者部分选用。只有真正做到互容，才能真正地共享，体现出信息技术的优势，从而节省大量的资源和时间，避免无益的重复劳动。

（六）效益性原则

使用信息技术进行课堂教学，其目的就是在单位时间里获取最好的教学效果。如果不考虑这一点，我们的设计就会出现偏差。例如有的教师制作的课件只考虑了如何精美，在细节上不惜工本，既分散了学生的注意力，又浪费了编制者大量宝贵时间。有的课件求大求全，完全不考虑学生的需求、课堂教学的容量，浪费了大量的资源。让课件变得简约、实用，既是教学的需求，也是减轻教师的劳动、获得最佳效益的需要。

三、信息技术针对课堂教学问题的应对策略

解决信息技术教学应用中的问题，最根本方法是依据上面论述的原则，系统全面地掌握教学设计思想，科学地设计自己的多媒体课件，认真地选择信息技术教学策略和方法，理性地实施教学过程，充分发挥信息技术教学的效果。

策略一：贯通教学设计的指导思想，形成正确的信息技术教学理念。课堂信息技术教学是教师借助多媒体设备，运用自己设计的多媒体课件或电子教案来实现教学的一种方法。电子教案或多媒体课件与传统教学中的文本教案相比较不是简单化了，而是更加复杂化了。比如，对于传统的文本教案，教师只需要考虑具体内容的文字表述方式及文字布局；而电子教案或多媒体课件，不仅有文字方面，还有图形图像、声音、动画、视频等因素的考虑，还要考虑背景、色调、布局及整体设计等。所以电子教案或多媒体课件要求教师除了熟悉具体的教学内容之外，还要具备一定的美术、音乐、电视技术和计算机技术等方面的知识，而且要能够综合运用它们，设计出来的电子教案或多媒体课件不但要有教育性、科学性的关键性特点，还要有艺术性和技术性的陪衬和烘托。因此，课堂信息技术教学应用不当及产生的一些误区，主要原因在于教师没有具备足够的教学设计思想。教学设计主要是运用系统方法，将学习理论与教学理论的原理转化成对教学目标、教学内容、教学方法和教学策略、教学评价等环节进行具体计划，创设教与学的系统"过程"或"程序"。而创设教与学系统的根本目的是促进学习者的学习。

策略二：科学运用系统思想和方法，重点考虑信息技术教学的过程。

课堂信息技术教学和传统教学一样，是涉及师生的活动过程。信息技术教学也是一个由教师、学生、教学内容、教学媒体与方法等众多因素组成的一个复杂系统，要取得良好的教学效果，必须综合考虑系统的各个因素。首先把教育、教学本身作为整体考察，因为信息技术教学的应用是教学过程的实施，这个过程应是一个合理完整的过程，而不是一个简单的顺序。整个过程中，通过系统分析学习需求、学习内容，确定需要用到什么样的信息技术，以形成制定和选择教学策略的基础，再通过策略优化技术（教学策略的制定、教学媒体的选择）以及评价调控技术（诊断性评价、形成性评价、总结性评价）使信息技术教学应用更加科学合理。这样一个系统化的方法加上宏观的思维，在信息技术教学应用过程中就不会以点带面，进入片面化误区，而是把重心放在信息技术教学应用过程的整体优化上。比如，信息技术教学过程中，使用的文本要规范、大小要适中、色彩搭配要合理、布局要整齐等；图形、图像要适合主题、吻合内容、处理恰当；声音要真实生动、自然流畅；视频画面要贴切主题、表达主题、深化主题、符合影视语言的规律；动画要实事求是，为主题而动画，而不是为动画而动画。

策略三：依据学科特点，创新信息技术教学应用的形式。

信息技术教学只是一种教学手段，而不是目的，其关键在于根据具体学科内容做到恰当应用。不同学科有不同的特点，教学中需要使用的媒体也不同。所以，信息技术教学应用就不能生搬硬套某种模式，目前也没有一种万能的标准模式可行。这就必须依据学科特点，实现具体课程内容与信息技术的整合，挖掘本学科的信息技术教学特点，探究本学科的信息技术教学方法，创新本学科的信息技术教学形式。目前的大部分课堂信息技术教学中，基本都是一种模式——演示、讲解。信息技术教学形式应该是丰富多彩的，更多的是注重操作和互动，依据具体学科具体问题具体对待。

策略四：理论联系实际，科学评价信息技术教学的应用。

信息技术教学应用过程是一个复杂的过程，首先是对自己的多媒体课件或电子教案设计的评价，遵照客观事实，按照教育性、科学性、技术性、艺术性等原则进行评价，有助于不断地调整和修改，使自己的设计更趋于完善。其次是对信息技术教学使用过程的评价，使用前要根据学科特点和学生特点进行诊断性评价；使用过程中，对于时间的长短、顺序的先后、具体的方式等要进行形成性评价，不断发现问题，及时解决问题；使用后，要对使用产生的效果进行总结性评价。再次，对学生的评价也是信息技术教学过程的一部分。传统的评价学生的方法是作业和考试，即主要是在课堂之外的，课内也有，但一般用于鼓励学生。信息技术教学应用对学生的评价应该是适时的，既有教师通过观察了解课堂情况进行的评价，也有通过信息技术教学内容本身设计的各种测试形式进行的评价，还有通过多媒体的硬件控制系统对学生的参与和反映等进行的适时评价和客观分析。这样有助于教师获取学生对自己的信息技术教学从形式、内容及使用方法等方面的反馈信息，从而发现自己设计的不足点和掌握学生的需要点，根据学生的需要来修改和完善自己设计的作品，使其更适合于教学，更符合教学和提高教学水平。

参考文献

[1]谭千保.中小学心理健康教育教学案例教程[M].西安:西安交通大学出版社,2018.

[2]陈静,高书红,李树华.探寻中小学教育教学奥秘[M].北京:煤炭工业出版社,2018.

[3]李德凤,孙晓玲.中小学教育与教学管理[M].长春:吉林出版集团股份有限公司,2018.

[4]刘纯福.中小学教育教学规范化管理实践与探索[M].哈尔滨:黑龙江人民出版社,2018.

[5]罗刚.文化生态与淮安中小学特色发展研究[M].苏州:苏州大学出版社,2018.

[6]韩苏曼,沈晓燕.学前与小学教育教学实践案例[M].苏州:苏州大学出版社,2018.

[7]牟天伟.小学数学广角教学研究[M].北京:北京理工大学出版社,2018.

[8]李炳煌.中小学课堂教学诊断[M].长沙:湖南教育出版社,2018.

[9]徐炳钦.教育规律中小学教育理论[M].北京:新华出版社,2018.

[10]王贞惠,刘晓玲.小学教师专业能力训练[M].成都:西南交通大学出版社,2018.

[11]蒋荣树.中小学教师心理健康问题研究[M].成都:四川大学出版社,2018.

[12]苑青松，赵松元.中小学教育教学随笔集[M].北京/西安：世界图书出版公司，2019.

[13]李维.新时代中小学教育教学论[M].哈尔滨：哈尔滨出版社，2019.

[14]华国栋，华京生.融合教育中的差异教学[M].北京：教育科学出版社，2019.

[15]赵波，肖蓓.教育教学知识与能力小学[M].长春：吉林人民出版社，2019.

[16]胡知凡.全球视野下的中小学美术教育[M].上海：上海教育出版社，2019.

[17]张丽，王国峰，梁艳.中小学高效教学与科研的实践策略[M].长春：吉林人民出版社，2019.

[18]韦晓燕.小学课堂教学与思维创新[M].成都：四川大学出版社，2019.

[19]王长顺.中小学教师发展与教育教学改革研究[M].西安：陕西人民出版社，2020.

[20]张应成，游涛.小学教育学[M].长沙：湖南大学出版社，2020.

[21]周俊.教育管理案例教学[M].杭州：浙江大学出版社，2020.

[22]常树林.教育教学研究与实践[M].青岛：中国海洋大学出版社，2020.

[23]杨洋，缐巧莺，王庆喜.中小学课程构建与智慧课堂[M].广州：广东旅游出版社，2020.

[24]周可桢，吴回生.新编教育学基础[M].厦门：厦门大学出版社，2020.

[25]左林华，陈多仁，明翠翠.中小学教育教学研究[M].北京：北京师范大学出版社，2017.

[26]曹国忠，齐忠余，许光哲.中小学教育教学艺术[M].长春：吉林美术出版社，2017.

[27]陈辉.生命价值与教育情怀[M].青岛：中国海洋大学出版社，2017.

[28]张光斗，张英，张立华.中小学教育实践探索[M].成都：电子科技大学出版社，2017.

[29]白雅娟.小学创新教育实践研究[M].长春:东北师范大学出版社,2017.

[30]李金钊,程迎红,唐军.中小学教师学会学习与学习潜能开发读本[M].上海:上海教育出版社,2017.